NOTICE

SUR LA VILLE DE

CHAZELLES-SUR-LYON

PAR

Claude AULAGNIER

SAINT-ÉTIENNE

THÉOLIER & Cie, IMPRIMEURS

Rue Gérentet, 12.

—

1895

NOTICE

SUR LA VILLE DE

CHAZELLES-SUR-LYON

PAR

Claude AULAGNIER

SAINT-ÉTIENNE

THÉOLIER & Cie, IMPRIMEURS

Rue Gérentet, 12.

1895

LETTRE A L'AUTEUR

MON CHER MONSIEUR AULAGNIER,

Vous avez fait un travail utile en recueillant beaucoup de notes et de documents sur l'histoire de la ville de Chazelles-sur-Lyon, à laquelle vous rattachent des liens de famille. L'intérêt de votre publication, très spécial pour les habitants de Chazelles, s'étendra au dehors. Les recherches exactes et consciencieuses sur le passé de certaines localités particulières viennent souvent jeter une lumière inattendue sur l'histoire plus générale. Notre époque, plus qu'aucune autre, a fourni de nombreux exemples de travaux de ce genre, et notre province du Forez n'a pas été des dernières à suivre ce mouvement. Votre livre viendra à propos combler un vide sur un des points les plus intéressants de nos chroniques locales, et je vous en félicite.

Votre dévoué,

TESTENOIRE-LAFAYETTE.

SAINT-ETIENNE, 29 septembre 1895.

NOTICE

SUR LA VILLE DE

CHAZELLES-SUR-LYON

———————— :—✳—: ————————

PREMIÈRE PARTIE

———————

DESCRIPTION

La petite ville de Chazelles-sur-Lyon (Loire) est située sur la grande route départementale de Lyon à Montbrison, sur le côté d'un plateau d'une montagne assez vaste et couverte de prairies; son étendue, dans la direction de Lyon à Montbrison, est d'environ un kilomètre, et, c'est dans le même sens que se trouve placée sa principale rue à laquelle aboutissent plusieurs autres de moindre importance.

Chazelles possède deux places. L'une appelée place Poterne, sans doute à cause de l'existence en cet endroit d'une porte fortifiée, est grande et vaste, ayant la forme d'un carré, plantée d'arbres et munie de bancs de pierres; et c'est sur cette place qu'ont lieu les réjouissances publiques; l'autre appelée place Thiers occupe l'emplacement où était autrefois le cimetière (1), sur le milieu est élevé le monument édifié en mémoire des Chazellois morts pendant la guerre de 1870-71 ; quoique de moindre importance que la première, elle n'offre pas moins un certain attrait avec ses belles plantations d'arbres encadrant son monument patriotique.

Cette ville n'a pas l'aspect d'une simple commune qu'elle est, mais bien d'une petite ville qui offre beaucoup d'animation à cause de son industrie ; du reste, c'est la commune la plus importante de l'arrondissement de Montbrison, après cette dernière ville, et le dernier recensement fait en 1891 lui accusait une population de 5.461 habitants ; elle était exactement cent ans auparavant (en 1791) de 2.486 habitants.

Chazelles est desservi par plusieurs grandes routes bien entretenues qui sont celles de Lyon à Montbrison, Saint-Galmier, Saint-Symphorien-sur-Coise, Saint-Médard et Chevrières.

DIVISION CANTONALE

Lors de la formation du département de Rhône et Loire, le 25 février 1790, Chazelles-sur-Lyon fut créé chef-lieu de canton ayant pour communes les huit suivantes, savoir : Bellegarde, Maringes, Viricelles, Virigneux, Châtelus, Saint-Denis-sur-Coise, Grammont et Saint-André-le-Puy.

Cet état de choses subsista jusqu'au 27 brumaire an X (17 novembre 1801), époque à laquelle un décret réunit les deux cantons de Saint-Galmier et Chazelles, avec cette dernière ville comme chef-lieu, ce qui a duré jusqu'au 4 mai 1825, date à laquelle, en vertu d'une

---

(1) Le premier cimetière de Chazelles se trouvait à côté de l'église actuelle entre les bâtiments de la Commanderie ; en 1771, il fut transféré sur l'emplacement aujourd'hui occupé par la place Thiers et il a été transféré depuis au Grand-Chemin.

ordonnance Royale, il fut transféré à Saint-Galmier qui l'est encore de nos jours.

Bien que lésée dans ses intérêts par suite de ce changement que rien n'expliquait, la ville de Chazelles dut, à ce moment, se borner à protester contre cette violation de ses droits.

Mais depuis, et, en vertu de plusieurs délibérations du Conseil municipal, notamment celles de 1881 et 1882, les représentants de cette ville, alléguant que l'intérêt naturel des communes situées aux environs de Chazelles et l'absence totale de motifs raisonnables à la réunion du canton de Chazelles à celui de Saint-Galmier, déterminaient cette première ville à demander qu'elle soit de nouveau érigée en chef-lieu de canton et de la même manière qu'elle l'était à l'organisation primitive.

La délibération conclut que « la ville de Chazelles n'est pas dans le cas de beaucoup d'autres communes qui réclament aussi la division ; ayant été chef-lieu de canton depuis 1789 jusqu'en 1825, et la réunion des deux à Saint-Galmier n'ayant eu lieu que par la faveur et en dépit de la loi (qui limite à un certain chiffre le nombre d'habitants par canton), elle demande, avec l'application de cette loi, la restitution de ses droits ».

Toutes ces considérations, du reste très justes, n'ont pu décider le Conseil général à remettre les choses en l'état primitif, et la ville de Chazelles, malgré sa population presque triple de celle de Saint-Galmier, dépend toujours de cette dernière.

Il conviendrait bien mieux, en raison des tiraillements existant entre ces deux communes, soit à cause de leurs tendances politiques ou locales, soit à cause de l'éloignement de plusieurs communes du chef-lieu, de rétablir les deux cantons de Saint-Galmier et Chazelles ; le premier comprenant les communes de la plaine et le second celles de la montagne ; et, de cette manière, tous dissentiments existant de clocher à clocher disparaîtraient.

ARCHIVES COMMUNALES

Jusqu'à la révolution, les registres de l'état-civil ont été tenus par les curés des diverses paroisses ; et ce n'est qu'en vertu d'un décret de la convention-nationale que remise en fut faite aux archives communales. Les archives de Chazelles possèdent ces registres depuis 1584.

Outre l'inscription des actes de l'état-civil, beaucoup de paroisses consignaient les principaux faits relatifs soit à la commune, soit à d'autres localités ; et ces registres peuvent, dans beaucoup de cas, servir de base aux histoires locales, conservant ainsi des faits dont les titres ont depuis longtemps disparu.

Nous avons trouvé dans les registres de Chazelles plusieurs faits concernant son histoire et dont nous parlerons dans le cours de cette notice ; mais néanmoins nous transcrivons ici les suivants à titre de curiosité :

« Cejourd'hy 7e may de l'année 1690, après midy, dans la paroisse de Chazelles, au dessous du village de Jeansenay, paroisse dudict Chazelles, on a trouvé un jeune homme d'environ 20 ans massacré à coups de pierres qui a esté relevé par les officiers du lieu, a esté transporté dans la ville de Chazelles où il a esté exposé pendant quelque temps pour être reconneu, lequel n'ayant esté reconneu d'aucune personne, je soussigné, curé de Chazelles, l'ay mis en sépulture sainte dans le cimetière de l'église de Notre-Dame de Chazelles après que les officiers ont faicts les formalités de justice et qu'on lui a trouvé un chappelet dans sa poche. — ROBERT, curé. »

« L'hiver de l'année 1709 fut si violent que la récolte pendante par la racine gela, on craignait une famine générale, mais les blés trémois et orge, qu'on sema au printemps, donnèrent si abondamment que le blé, à la récolte, fut encore à un prix ordinaire; et cette gelée générale engraissa tellement les terres que la récolte de l'année suivante fut telle qu'on en avait jamais vu une pareille. »

« Cejourd'huy 11ᵉ décembre 1729, sur les cinq heures de relevé, en conséquence d'une ordonnance rendue par le sieur lieutenant de la juridiction de la commanderie de Chazelles, sur la réquisition du sieur procureur fiscal de lad. juridiction laquelle a estée notifiée et signifiée à Messire Jean-Baptiste Coste, prestre et curé de ladite paroisse tout présentement par maître Desmaze, greffier de ladite juridiction, a esté inhumé dans le cimetière de l'église de Chazelles un cadavre désigné par ladite ordonnance sous le nom d'André Chabalet, laboureur, granger au nommé Fayolle près des Halles, paroisse d'Hauterivoire, nous vicaire soussigné sommes allé prendre aux portes de la prison de la commanderie dudit Chazelles. »

« Le 21 Aoust de cette année 1736, Jean Perrin, natif de la paroisse de Saint-Barthélemy, diocèse de Die, fust éxécuté devant l'église par sentence du prévost pour avoir volé et enfoncé nuitamment le tronc des reliques de même que le coffre fort de la marguillerie de Saint-Galmier; ces deux vols ne consistaient qu'à 19 livres, le même jour il fut inhumé dans le cimetière. »

« 5 janvier 1764, sépulture de Claude Buchet, sous-brigadier de la brigade de maréchaussée de Chazelles, tué d'un coup de fusil par un voleur qu'il voulait arrêter près du bois de Varias. »

Nous relevons parmi les mariages ceux de :

Gaspard Javogues, notaire royal et chatelain de Bellegarde avec Antoinette Buer de Chazelles (20 janvier 1682);

Claude de Grosmolard, procureur d'office de Santy-le-Fenouil, en Lyonnais, avec Poncette Girard (22 février 1683);

Antoine Buer, conseiller du roi et son procureur en
l'élection de Montbrison, avec demoiselle Buer (17 septembre 1724);

Jean-François Javogues, procureur d'office de Mont-
rond, fils de Gaspard, châtelain et lieutenant de juge de
Cuzieu, Montrond et Magnieu-le-Gabion, avec Françoise
Giraud (mars 1726);

« C'est de cette même famille que descendait Claude
Javogues, né à Bellegarde en 1759, qui fut d'abord militaire, clerc de procureur, avocat à Montbrison. et enfin
représentant du peuple du département de la Loire en
1793, laissant de tristes souvenirs de sa cruauté dans
le département.

« Javogues (1) prit part à la conjuration de Babœuf,
dans laquelle entrèrent 17.000 conjurés.

« Le 10 septembre 1796, il esseya, avec deux anciens
conventionnels et 7 à 800 conjurés, de soulever le corps
d'armée campé dans la plaine de Grenelle.

« Accueillis à coups de sabre, les insurgés furent
défaits et se sauvèrent en laissant de nombreux prison-
niers au pouvoir des soldats.

« Javogues et deux de ses anciens collègues jadis cor-
donniers à Montbrison, qu'il avait entraînés dans le
complot, furent livrés à des commissions militaires.

« Cette fois, le rôle de Javogues était fini et l'heure
fatale allait sonner : le sanguinaire agent de la Terreur
dans le Forez allait subir le juste châtiment de ses
forfaits.

« Jugé et condamné à mort par la Commission militaire du Temple, Javogues fut fusillé le 9 octobre 1796.

« Il était âgé de 37 ans. »

Noble Jean-François Commarmond, avocat en parlement, résidant en la ville de Saint-Symphorien, avec
Aimée Commarmond (18 juin 1737);

(1) *Saint-Etienne et le Forez sous la Terreur*, par un auteur Forézien, page 408.

Jean Pupier, conseiller du roi et son garde marteau en la maîtrise des eaux et forêts de Montbrison avec Marie-Gasparde Mathevon (15 juillet 1760).

Et parmi les personnes les plus en vue nous trouvons :

Jehan Roddon, châtelain de Chazelles ;

André et Balthazar Pupier, châtelains de Chazelles ;

Pierre et Jehan Montellier, sergents royaux dud. lieu ;

Etienne Duvert, notaire royal ;

Jean Buer, notaire royal et procureur d'office ;

Jean de la Rue, concierge de la commanderie ;

Jean Aguiraud, greffier ;

Jean Mantellier, notaire royal de Chazelles et procureur d'office de Chevrières ;

Mimert Mathevon, notaire royal ;

Jean Gord, lieutenant de juge de Chazelles ;

Nicolas Blein, notaire royal d'Hauterivoire, capitaine châtelain de Chazelles ;

Florent Blein, notaire royal ;

Pierre Commarmond, conseiller du roi, procureur du roi et son substitut en cette ville et communauté ;

Antoine Mathevon, notaire royal, capitaine châtelain de la juridiction de la commanderie de Chazelles.

ORIGINE

L'origine de cette ville paraît assez ancienne, mais il nous est impossible d'attribuer une date précise à sa fondation, toutes les archives de cette ville ayant été brûlées pendant la Révolution, avec les titres féodaux, en vertu d'un décret de la Convention.

Nous trouvons dans le cartulaire de Savigny, publié par Auguste Bernard, n° 144, la donation suivante que fit, le 18 novembre 969, Dalmace, prêtre à Savigny, du village de Chazelles, comprenant aussi une église dédiée à saint Michel.

Charte de l'église de Saint-Michel de Chazelles.

« A la très sainte église de Savigny, construite en l'honneur de saint Martin et où gouverne le seigneur abbé Gaumar, moi, Dalmace, prêtre, je donne de mes biens particuliers, que j'ai acquis de l'héritage paternel et maternel, ceci est la métairie de Chazelles avec l'église même de Saint-Michel et tout ce qui se rapporte à cette terre et tout ce que nous aurons pu acquérir et en d'autres lieux dans la propriété qu'on appelle « Monscorpinus », tout exactement ce qui m'est advenu par les lois, je le donne au susdit monastère, à ces conditions que tant que je vivrai j'en aurai l'usufruit et chaque année, à la fête de Saint-Martin, je paye deux écus de cens, et, après ma mort, ces propriétés reviennent à Saint-Martin. Donc, si quelqu'un de mes héritiers veut attaquer cette donation, qu'il ne lui soit point permis de revendiquer ce qu'il demande; mais qu'il paye dix livres d'or et qu'elle demeure ferme et stable. S. Dalmace, prêtre, qui a voulu faire et affirmer cette donation. Moi, Bernard, l'ai écrite lundi du mois de novembre, la seizième année du règne de Lothaire, roi des Français. »

Et puisqu'en 969 Chazelles était qualifié de village, il fallait qu'il fût d'une certaine importance, ce qui semble indiquer qu'on peut faire remonter son origine antérieurement au dixième siècle.

Dès le XIVe siècle, Chazelles fut entouré de murailles (1) : cette ville avait même plusieurs enceintes, sans doute occasionnées par l'accroissement de la population, et quelques-unes de celles-ci existent encore de nos jours, ainsi qu'une tour, le tout sert de clôture à l'hôpital actuel.

En 1589, cette ville fut remise à la Ligue par le baron de Saint-Vidal, revenant de Lyon (2).

En 1584, Chazelles, remis sous la main du roi, fut

---

(1) *Histoire du Forez*, par Auguste BERNARD.
(2) *Loire Historique*, par TOUCHARD-LAFOSSE.

pétardé, suivant l'expression du seigneur de Chevrières, par les troupes du marquis de Saint-Sorlin, depuis duc de Nemours ; mais la place, munie d'une bonne enceinte, résista à cette attaque (1).

On lit dans le mémoire de M. d'Herbigny, publié en 1698, que cette ville était un lieu d'étape pour les troupes qui suivaient la route d'Auvergne.

Il existait autrefois, à l'entrée de cette ville, au lieu dit « fond de ville », deux tours formant la porte de « Montbrison ».

ÉGLISE

La première église paroissiale de Chazelles était située à un kilomètre environ du bourg actuel, sur la route de Saint-Galmier, au lieu appelé « La Tour » ; de cette église, il ne reste aujourd'hui que quelques rares pans de murs.

Cette paroisse, connue sous le nom de Saint-Romain-le-Vieux, disparut de très bonne heure, dans des circonstances qui sont restées ignorées et son territoire fut réuni à celui de Notre-Dame-de-Chazelles.

Saint-Romain-le-Vieux figure en 1184 dans la liste des possessions de l'Ile Barbe, confirmées à cette abbaye par le pape Lucien III ; elle figure encore, concurremment avec la commanderie de Chazelles, dans le pouillé du XIII⁰ siècle, publié par Auguste Bernard ; elle disparaît des pouillés suivants, soit qu'elle ait été détruite, soit que le titre paroissial ait été transporté à Chazelles. (*Bulletin de la Diana*, tome VI.)

L'église actuelle fut, dit-on, fondée par les Bénédictins de Savigny, de qui elle relevait, et elle avait été donnée à ces moines vers la fin du X⁰ siècle (*La France par cantons*, OGIER) ; en effet, comme il a été dit, d'après le cartulaire de Savigny, Dalmace, prêtre, fit don à

(1) *Loire Historique*, par TOUCHARD-LAFOSSE.

Savigny, le 18 novembre 969, de l'église dédiée à saint Michel. Toutefois, dit M. Broutin, les droits que les moines de Savigny ont pu avoir sur l'église de Chazelles étaient perdus depuis longtemps, puisque le plus important de ces droits, celui de nommer à la cure, appartenait aux commandeurs.

Il se peut que l'église primitive ait été fondée par les Bénédictins, mais celle actuelle paraît être l'œuvre des chevaliers de Saint-Jean-de-Jérusalem, qui fut fondée à Chazelles vers le XII⁰ siècle.

Cette église était contiguë aux bâtiments de la commanderie, et les religieux assistaient à la messe dans une chapelle dépendant de leurs bâtiments, qui existe encore de nos jours et qui se trouve au-dessus de la chapelle actuelle de la Sainte-Vierge; elle prend jour par deux petites fenêtres donnant l'une sur la place de l'église et l'autre sur la cour de la sacristie.

Les deux paroisses de Saint-Romain-le-Vieux et Notre-Dame de Chazelles ont dû, du moins antérieurement au XIII⁰ siècle, exister simultanément, puisque nous trouvons, au mois d'octobre 1282, un acte par lequel « Hugues Mauvoisin, chevalier, donne à la maison de Chazelles tous les biens qu'il possède dans les paroisses de Chazelles et Saint-Romain-le-Vieux » et ce n'est sans doute que plus tard que la paroisse de Saint-Romain-le-Vieux fut supprimée et réunie à celle de Chazelles.

Les commandeurs avaient dû donner leur chapelle pour servir d'église paroissiale puisqu'ils avaient, comme nous l'avons vu, une chapelle privée de laquelle ils assistaient à la messe.

Chazelles était compris dans la liste des paroisses de l'ancien diocèse de Lyon qui sont entrées dans la composition du nouveau diocèse en 1790; cette paroisse dépendait de l'archiprêtré de Courzieux, sous le vocable de Notre-Dame, et avait comme patrons spirituels les chevaliers de Malte.

Cette église, composée de trois nefs, porte le caractère de plusieurs époques ; construite vers le XIIe siècle, elle a été agrandie successivement de la nef gauche qui paraît remonter au XVIe siècle et de la petite nef de droite qui a été faite en 1828 ; cette seconde nef a été construite en même temps que le clocher actuel (1), et les deux dernières travées du fond de la grande nef qui le supportent. Le style de la seconde nef et des deux travées n'est pas en rapport avec le reste de l'édifice qui est gothique.

Elle est pourvue de plusieurs chapelles latérales dont l'une d'elles, dans la nef de gauche, la seule ancienne dans cette partie, est formée de deux arcades surbaissées ; sur le fond de la plus grande on peut voir les armes de la famille du Vernet dont un membre, Frère Antoine, était commandeur de Chazelles en 1403 et 1404.

De nombreux blasons sculptés autour du chœur et dans les chapelles rappellent les armes des commandeurs.

Il existe, dans cette même nef de gauche, une cavité où était autrefois un autel, comme l'indiquent les ornement gothiques qui la surmontent, et qui sert aujourd'hui d'emplacement à un confessionnal. Cet autel était garni de trente reliquaires contenant les reliques de divers saints déposées en cet endroit en 1664 et qui avaient été apportées de Rome par deux religieux capucins natifs de Chazelles. Les archives de l'église possèdent la relation d'une procession qui eut lieu à cette occasion et dont on a conservé l'usage de nos jours et qui a lieu chaque année le 24 juin.

A l'époque de la Révolution, ces reliques furent cachées sur la voûte de la grande nef ; mais, sur la dénonciation d'un habitant de Chazelles, elles furent découvertes et brûlées publiquement sur la place actuelle de l'église.

---

(1) Ce clocher fut démoli une première fois à cause de sa vétusté et une seconde fois par la foudre qui avait aussi brisé l'horloge.

Le comte de Forez, Guy II, avait fondé en faveur de l'église de la commanderie de Chazelles « une rente annuelle et perpétuelle de 15 sols forts pour l'entretien d'une lampe allumée nuit et jour et pour l'encens à brûler en l'honneur de la Sainte Vierge pendant les messes qui seraient chaque jour célébrées dans ladite église ». Cette rente devait être prélevée sur les cens que le comte percevait à Montbrison (1).

Cette fondation donna lieu à une transaction ou échange qui eut lieu en 1229 entre les commanderies de Montbrison et Chazelles au sujet des terrains sur lesquels devait reposer cette fondation. *(Arch. du Rhône, Malte.)*

Cette église était peut-être le lieu d'un pèlerinage, car nous trouvons que le 5 juin 1629 eut lieu la procession de Saint-Chaulmond (Saint-Chamond) « qui est venu en notre eglize de Chazelles pour rendre un vœu (2) qu'ils ont faict en ladite église dudict Chazelles à laquelle ils ont faict un présent d'une chappe de deux cents livres ». *(Registres paroissiaux.)*

Nous avons trouvé le procès-verbal suivant de la bénédiction d'une cloche en 1780. *(Registres paroissiaux.)*

« L'an 1780 et le 14 mars, je soussigné curé, ai béni solennellement une cloche sous le vocable des saints Nicolas et François et des saintes Nicole et Françoise, en conséquence de la permission et commission à nous adressée par frère Sébastien Dauphin, chapelain conventuel de l'ordre de Saint-Jean-de-Jérusalem, commandeur des Farges et Vivier et vicaire général de notre église au grand prieuré d'Auvergne, en date du quatre du présent mois, susdite année. Signé : MOLLON secrétaire.

« Son parrain a été illustre et révérend seigneur frère

---

(1) Archives du Rhône, fonds de Malte.
(2) Le vœu avait été fait à cause de la maladie contagieuse qui régnait à Saint-Chamond.

Nicolas-François Prunier de Lemps, chevalier de l'ordre de Saint-Jean-de-Jérusalem, bailli et grand maréchal de l'ordre, maréchal des camps et armées du roi, seigneur commandeur de la ville et commanderie dudit Chazelles, représenté par M⁰ J.-B^te Faure, sieur de Montgirard, notaire royal, conseiller du roi, juge; Gruyer, capitaine chatelain et lieutenant de juge civil, criminel et de police de ladite ville et commanderie de Chazelles, du comté de Souvigny et de Clérimbert.

« Sa marraine a été haute et puissante dame Nicole-Françoise de Prunier de Lemps, comtesse de Lapérouse, représentée par dame Marie-Gasparde Mathevon, veuve de M⁰ Jean Pupier, conseiller du roi et son garde-marteau en la maîtrise des eaux et forêts à Montbrison qui ont signé avec nous et autres personnes qui ont assisté à ladite cérémonie. »

A l'époque de la Révolution, tous les objets servant au culte furent remis à la nation, et dans le procès-verbal dressé à cet effet, le 26 frimaire an II (16 décembre 1793), ces objets comprenaient : trois calices, leurs patènes, un soleil, un ciboire, une paire de burettes avec son plat, un crucifix, une lampe, un encensoir avec sa navette, en argent, ainsi que divers ornements.

Les cloches furent descendues, à l'exception de la grosse, ainsi que le constate le procès-verbal suivant :

« Nous maire et officiers municipaux, en vertu de la loi relative à la descente des cloches de toutes les églises, ayant donné l'ordre de descendre toutes celles qui existaient dans le clocher, à l'exception de la grosse (1) conservée par ce même décret, nous nous sommes transportés dans ledit clocher avec les ouvriers nécessaires à la descente, lesquels nous ont dit, après avoir bien examiné, qu'elles ne pouvaient être descendues qu'en perçant la voûte dudit clocher, ce qui a été éxé-

(1) Cette cloche qui date de 1390 mesure 1ᵐ,28 de haut, sur 1ᵐ,45 d'ouverture.

2

cuté ; en conséquence les cinq cloches descendues, y compris celle de Saint-Roch, ont été déposées, au temple de la raison pour être conduites le 21 nivôse prochain à Feurs. » *(Registres paroissiaux.)*

Les archives communales nous révèlent le nom de quelques-uns des prêtres ou curés qui ont desservi cette paroisse et qui ont été ensevelis dans cette église, savoir :

Jean Giraud, prêtre sociétaire de Chazelles, 21 décembre 1679 ;

Jean Laysné, prêtre, 3 février 1694 ;

Annet Giraud, prêtre sociétaire de Chazelles, 28 juillet 1694 ;

Pierre Chirat, vicaire, 28 février 1710 ;

Joseph Fournel, curé, 21 mai 1710 ;

Antoine Giraud, prêtre sociétaire, 11 novembre 1722 ;

Nicolas Blein, prêtre sociétaire, 9 avril 1758 ;

François Cochard, licencié en droit, curé, 31 avril 1772.

« L'an 1784 et le 18 octobre, je soussigné, ai inhumé dans l'église paroissiale de Chazelles, après qu'il a été reconnu et vérifié par M. Chatelain, lieutenant du juge de la juridiction de Chazelles que ce tombeau est conforme aux ordonnances de Sa Majesté, Messire Romain Philippon, curé de ladite paroisse. — COULLARD DESCOS, curé. »

Parmi les religieux de l'ordre de St-Jean-de-Jérusalem, nous trouvons :

Claude Cotteville, agent de M. le commandeur, 14 avril 1686 ;

Claude Chanal, religieux de l'ordre, 18 février 1709,

Et Jean-Alexandre de Talaru-Chalmazel, seigneur-commandeur, 28 octobre 1710.

Nous trouvons encore :

Jean Buer, notaire royal et procureur d'office, 9 avril 1691 ;

Claude Pupier, notaire royal et châtelain, 3 janvier 1694.

Pierre Commarmond, notaire royal, juge, capitaine châtelain de la commanderie, 4 février 1752 (Chapelle Saint-Pierre).

COMMANDERIE

L'ordre des Chevaliers de Saint-Jean-de-Jérusalem appelés depuis chevaliers de Rhodes et en dernier lieu chevaliers de Malte fut fondé au onzième siècle; cet ordre d'abord hospitalier puis militaire par la suite en prenant les armes contre les ennemis de la chrétienté, est devenu depuis souverain; sa forme de gouvernement était purement aristocratique; il comprenait sept langues, dont trois pour la France, savoir : celles d'Auvergne, de Provence et de France.

L'habit régulier de ces moines consistait dans une robe de couleur noire, avec un manteau à pointe de la même couleur auquel était cousu un capuce pointu. Cette sorte de vêtement se nommait manteau à bec et avait sur le côté gauche une croix de toile blanche à huit pointes : habillement qui, dans les premiers temps, aussi bien que le nom d'hospitaliers, était commun à tous les religieux de l'ordre.

Mais depuis que ces hospitaliers eurent pris les armes; comme les personnes d'une haute naissance par une fausse modestie avaient de la délicatesse à entrer dans un ordre où ils étaient confondus avec les frères servants, Alexandre IV, pour lever cet obstacle, jugea à propos d'établir une juste distinction entre les frères servants et les chevaliers. Il ordonna qu'à l'avenir il n'y aurait que ceux-ci qui pourraient porter dans la maison le manteau de couleur noire, et en campagne et à la guerre une cotte d'armes rouge avec la croix blanche, semblable à l'étendard de la religion et à ses armes qui étaient des gueules à la croix pleine d'argent.

Cet ordre était divisé en trois classes :

Les chevaliers,

Chapelains,

Et servants.

On mit dans la première ceux qui, par leur naissance et le rang qu'ils avaient tenu autrefois dans les armées, étaient destinés à porter les armes : on fit une seconde classe des prêtres et des chapelains qui, outre les fonctions ordinaires attachées à leur caractère, soit dans l'église ou auprès des malades, seraient encore obligés, chacun à leur tour, de servir d'aumôniers à la guerre; et, à l'égard de ceux qui n'étaient ni de maison noble ni ecclésiastiques on les appelait les frères servants. Ils avaient en cette qualité des emplois où ils étaient occupés par les chevaliers, soit auprès des malades, soit dans les armées, et ils furent distingués dans la suite par une cotte d'armes de différente couleur de celle des chevaliers.

Pour être reçu chevalier, il fallait être issu d'un légitime mariage, tant du côté maternel que paternel, de maisons nobles de noms et d'armes.

La régie des biens de l'ordre était confiée à d'anciens hospitaliers, sous le titre de précepteurs, et cette commission ne durait qu'autant que le grand-maître et le conseil le jugeaient à propos, en sorte que ces précepteurs n'étaient considérés que comme des économes; ces religieux observaient dans ces obédiences la même austérité que le couvent et ils y vivaient même plusieurs ensemble et en forme de communauté.

Plus tard l'administration particulière de chaque maison prit le nom de commanderie et le titre de commandeur; ce titre fut substitué à celui de précepteur dont on s'était servi jusqu'alors (1)..

Dans les premiers temps de leur fondation, les chevaliers rendaient de grands services à la chrétienté, mais, plus tard, ils ne portèrent plus qu'un vain titre et les commanderies devinrent un bénéfice, un honneur et une sinécure.

Dans les XIIe, XIIIe et XIVe siècles, les commanderies de Montbrison, Verrières et Chazelles furent quelquefois

---

(1) *Histoire des Chevaliers de Saint-Jean-de-Jérusalem*, par l'abbé DE VERTOT.

placées sous l'administration d'un même chef qui avait le titre de prieur. Cependant leurs revenus étaient distincts : en 1771, les revenus de la commanderie de Chazelles arrivaient à 5.000 livres.

La ville de Chazelles possédait une commanderie de Saint-Jean-de-Jérusalem, fondée vers l'an 1148 par Guy II, comte de Forez : laquelle relevait du grand prieuré d'Auvergne, qui comprenait cinquante-six commanderies, dont Chazelles qui était « un chef en ladite ville, pays de Forez, bailliage de Montbrison, parlement de Paris, diocèse de Lyon ».

Elle était placée au centre de la ville et contiguë à l'église, qui n'était que la chapelle des commandeurs, puisqu'elle existait déjà à l'époque où Chazelles ne fut, selon toute probabilité, qu'un hameau dépendant de la paroisse de Saint-Romain-le-Vieux.

Ses bâtiments, en partie détruits aujourd'hui, occupaient l'espace compris entre la petite place de l'église et la place Poterne et ils étaient, d'après Ogier, « plus solides qu'élégants, garnis aux quatre angles de grosses tours et ceints de murs très élevés » ; la principale porte fortifiée devait être sur la place Poterne, car c'est sans doute de là que lui vient ce nom ; c'était aussi le château de Chazelles, car les commandeurs étaient les seigneurs du lieu.

Cette seigneurie était une de celles qui, avant la Révolution, avaient encore droit de justice, mais qui s'étendait seulement à la moyenne et basse justice ne comprenant que certaines affaires civiles et correctionnelles ; ces droits s'étendaient aussi sur les paroisses environnantes (1) ; lors de la démolition des deux tours ronde et carrée et du bâtiment principal, en 1883, on a trouvé une profonde excavation que l'on a cru être des oubliettes, signe de cette justice.

---

(1) *Histoire du Forez*, par Auguste BERNARD.

Il reste encore une tour hexagonale du XVe siècle qui renferme un bel escalier de près de deux mètres de largeur avec un corps de bâtiments composé de deux grosses tours rondes, reliées entre elles par une façade de la même époque; on peut aussi remarquer quelques fenêtres à croisillons de pierres. Tous ces bâtiments sont convertis en maisons particulières. La partie qui était contiguë à l'église existe encore et sert de grenette.

Cette commanderie est appelée, dans certains titres, Notre-Dame-de-Chazelles, du nom du vocable de l'église.

Ces bâtiments, connus sous le nom de château de la commanderie, comprenaient : une maison consistant en un rez-de-chaussée, une grande cave, une cuisine au-dessus, une salle à manger tapissée, un grand et superbe salon boisé et parqueté et une dépense, une autre salle du côté oriental de la cuisine, un fruitier et deux bûchers; au premier étage, sept chambres de maître et plusieurs cabinets de plain-pied, décorés et tapissés les uns en toile et les autres en papiers peints; trois autres chambres et un cabinet dans les tours, plusieurs chambres de domestiques, au-dessus desquels appartements sont trois grands greniers; à l'aile gauche, appelée le vieux château, une remise voûtée, une écurie et fenil au-dessus et six chambres servant de greniers; aussi au-dessus, dans la cour d'entrée, un appartement pour le concierge, comprenant cuisine, chambre et grenier au-dessus; dans la basse-cour, deux grands hangars et une hayre; un grand et un petit jardin, deux parterres, une terrasse, un autre jardin qui fut autrefois cimetière, un petit pré où il y a des allées d'arbres.

Le tout d'un seul tènement avait pour confins :

De l'orient et du midi, places publiques appelées *poterle* (poterne);

Du septentrion, chemin de la ville auxdites places, à l'église paroissiale, à autre place publique, aux maisons des co-héritiers Rageys, à l'écurie et fenil d'Antoine

Pupier, à l'écurie et maison de Jacques Lafay, à la tour de Jean Besson et à l'ouvroir de chapellerie de J.-M. Pupier ;

D'occident, un chemin, tendant du faubourg de Chazelles à Saint-Symphorien.

En face de la commanderie, se trouvait une maison servant d'auditoire et plus tard de maison commune et prison, comprenant un rez-de-chaussée, deux cachots, une chambre et un cabinet au-dessus (1).

Comme nous le voyons par la description ci-dessus, contenue dans un procès-verbal de vente de 1793, ces bâtiments et appartements comprenaient un grand confortable et de grandes aisances et ils étaient loin de ressembler aux humbles couvents de nos jours.

L'adjudication de ces bâtiments et de plusieurs domaines sis en la commune de Chazelles eut lieu au profit de Jean-Hector Montaigne-Poncins, de Lyon, au prix de 364.000 livres.

Le comte de Forez, Guy II, avait, comme nous l'avons déjà vu, fondé en faveur de l'église de la commanderie une rente pour l'entretien d'une lampe (2). Cette fondation donna lieu à une transaction ou échange qui eut lieu en 1229, entre les commanderies de Montbrison et Chazelles. Il est dit, dans cet acte, que Frère Arnulphe, précepteur de la maison de Montbrison, avait acquis de Villelme Gothecalei, chevalier, des terres et rentes situées aux bourg et territoire de Saint-Genis-Terrenoire, et en avait attribué le produit à la maison hospitalière de Saint-Héand, qui était un membre de la commanderie de Montbrison : que ces terres et rentes étaient plus à la

---

(1) Archives de la Loire.

(2) Les renseignements qui vont suivre ont été puisés dans les archives du Rhône (fonds de Malte), où se trouvent déposées les archives des commanderies de la langue d'Auvergne.

Une circulaire du 9 juillet 1749 enjoignit aux commandeurs de faire déposer aux archives (dans un bâtiment construit spécialement à cet effet, à Lyon), tous les titres de leurs commanderies.

convenance de la commanderie de Chazelles que de celle de Montbrison, parce qu'elles étaient contiguës à d'autres terres qui appartenaient à la maison de Chazelles; en conséquence, sur l'avis du frère précepteur de Bourgogne, du frère maître de Chazelles, des autres frères de la même maison de Montbrison et du frère prieur de Saint-Héand, déclare qu'il faisait abandon à la commanderie de Chazelles des revenus des terres et rentes acquises à Saint-Martin et Saint-Genis-Terrenoire, pour le service de la lampe et de l'encens qui devaient brûler en l'honneur de la Vierge; et, en compensation des terres et rentes cédées, la commanderie de Montbrison devait recevoir la rente annuelle de quinze sols forts assignés par le comte sur les cens de Montbrison.

Au mois d'avril 1254, Etienne de Saint-Priest, damoiseau, engage à Frère Bernard (de Chambon), précepteur de Chazelles, tout ce qu'il a dans la ville et paroisse de Saint-Genis-Terrenoire, le tout tenu par lui en fief de la maison de Chazelles et de Pierre de Fontaneys, chevalier, par indivis, pour, par ledit précepteur en jouir jusqu'à remboursement de la somme de 20 livres de viennois qu'il lui a donnée, ce remboursement ne pouvant se faire qu'en mars.

Le 23 avril 1267, Etienne de Saint-Priest, damoiseau, vend au prix de 300 livres de viennois à Frère Girard de Naves, précepteur de Chazelles, représentant Frère Robert de Montrognon, prieur d'Auvergne, une terre appelée le clos d'Etienne de Saint-Priest, sise sous la ville de Saint-Martin-la-Plaigni, vers Rive-de-Gier, plus le quart lui appartenant d'une carrière sise sous la ville de Saint-Genis-Terrenoire, joignant le chemin de Saint-Genis au Reclus, plus l'universalité des terres, vignes, prés, cens, tailles, droits de chasse et autres qu'il possède dans les paroisses de Saint-Martin-la-Plaigni et Saint-Genis-Terrenoire, excepté le tènement du sieur Chardon, qu'il tient en fief de Girerd de Mais. Toutes lesquelles choses il tient en fief de la maison de Chazelles. Investiture par la tradition d'un livre. Le vendeur promet de faire ratifier la vente par ses enfants, lorsqu'ils seront à l'âge de puberté.

Nous trouvons que cette vente a été ratifiée en septembre et octobre 1278 par Etienne de Saint-Priest, chevalier, Clémence, sa femme, et Etienne dit Paturel, damoiseau, leur fils ; on dit le quart d'une carrière de charbon.

Au sujet des droits spécifiés dans la transaction de 1229, eut lieu en mars 1267 entre Renaud, comte de Forez et Robert de Mont-Ridé, prieur de Chazelles, un traité qui réglait les droits respectifs du comte et du prieur sur toutes les localités situées entre le château de Saint-Galmier et celui de Saint-Symphorien-sur-Coise, et depuis le château de Meys et de Bellegarde jusqu'à celui de Châtelus (1).

Outre ses droits seigneuriaux la commanderie de Chazelles possédait de grands biens en immeubles, dîmes ou cens sur la paroisse de Saint-Martin-en-Haut, au territoire de Rochefort (2).

En octobre 1278, Etienne de Saint-Priest, chevalier, ayant usé de la faculté de réméré qu'il s'était réservée dans la vente par lui consentie alors qu'il n'était que damoiseau, à frère Robert de Monte-Rugosa, alors prieur d'Auvergne et précepteur de Chazelles, payant du produit d'un legs d'André Arlequins, d'un clos de vigne sous la ville de Saint-Martin-la-Plaigni, frère Giraud, précepteur actuel de Chazelles, reconnaît que, du consentement de Bertrand de l'Espinasse, précepteur chapelain de Saint-Georges à Lyon, il a appliqué les 30 livres de viennois et autres deniers provenant dudit réméré à l'achat sous la même condition de réméré dudit Etienne de Saint-Priest, chevalier, le quart par indivis que celui-ci possède dans

(1) *Les fiefs du Forez de Souyer du Lac*, par M. d'Assier.
(2) *Notices sur Saint-Symphorien-le-Château*, par Cochard.

la mine de charbon sise en la paroisse de Saint-Genis-Terrenoire, plus toutes les terres, prés, vignes, bois, cens, tâches et autres droits qu'il a dans la même paroisse. En conséquence, ledit frère Giraud, précepteur de Chazelles, promet de payer auxdits précepteur et chapelain de Saint-Georges, aussi longtemps que la maison de Chazelles restera en possession des biens acquis, et, sur les fruits de ces biens, 3o sous de viennois annuellement, pour satisfaire à la fondation d'André Arlequins.

Clémence, veuve, et Etienne dit Pastureuz, damoiseau, fils de feu Etienne de Saint-Priest, chevalier, ratifient en 1284, au profit du frère Drolgon de la Tour, précepteur de Chazelles, et ce moyennant 6o sous de viennois par celui-ci payés audit Etienne Pastureuz, la vente consentie en septembre et octobre 1278 par ledit feu Etienne de Saint-Priest à feu Gérald de Naves.

Le 1ᵉʳ juillet 1282, Guichard d'Urgey, châtelain de Saint-Galmier, avait fait prendre des gages sur le précepteur de Chazelles pour avoir perçu une amende sur certain de ses hommes de Chazelles qui avaient enlevé des pierres de taille de la tour ronde de Saint-Romain-le-Vieux. Il avait aussi emprisonné Antoinette, veuve de Pierre Alivacii, sujette de l'hôpital, prévenue de l'incendie d'une maison, le tout au mépris de l'accord intervenu en 1268 entre Raynaud, comte de Forez, et l'hôpital de Saint-Jean-de-Jérusalem, sur la plainte du précepteur Hysmédon, Raoul, juge de Forez, ordonne de lui restituer ses gages, décharge les cautions qu'ils avaient fournies, ordonne la mise en liberté de la femme arrêtée qui, après enquête faite, avait été déjà absoute par la cour du précepteur, de l'avis des chevaliers et autres jurisconsultes.

Hugues Mauvoisin, chevalier, mû de dévotion pour le salut de son âme et celles de ses parents et de sa femme Bernarde donne à la maison de Chazelles, au mois d'octobre 1282, et, pour elle, à frère Giraud de Naves, précepteur, représenté par frère Thomas, hospitalier de ladite maison, les hommes, terres, fiefs, hommages et droits quelconques qu'il possède à Gencenay et à l'Alouznerey et dans les paroisses de Chazelles et Saint-Romain-le-Vieux en s'en réservant la jouissance viagère et en exceptant les pêches et bans de la rivière de Coize. Et attendu que les choses données passent pour relever en fiefs de Guy Payan, damoiseau, seigneur de Mays, Hugues Mauvoisin, à titre de compensation, reprend en fief et hommage de celui-ci son curtil de Salizon, paroisse de Saint-Cyr-en-Forez, moyennant quoi, et moyennant aussi une somme de sept livres de viennois, reçue du précepteur de Chazelles, ledit Guy Payan fait abandon à ce dernier du fief et hommage des biens cédés.

Cette vente fut ratifiée par Bermunde, femme, et Hugues Arrici, chevalier, neveu du donateur.

Les 22 et 23 juillet et 20 août 1297, Zacharie de Fontaneys, dit Carouz, damoiseau, fils de Pierre de Fontaney, décédé, chevalier, pressé d'acquitter ses dettes et de l'avis de ses parents, vend au prix de 290 livres de viennois, à frère Jean Ysard, précepteur de la maison de Chazelles et procureur de frère Maurice de Bernione, prieur d'Auvergne, tenant en sa main ladite maison, toutes les terres cultivées ou non, vignes, cens, tâches, quarts, servis, mines, droits de chasse, amendes, bans, clameurs et autres droits quelconques qu'il possède dans les villes et paroisses et Saint-Martin-la-Plaigne et Saint-Genis-Terrenoire, n'en exceptant qu'une vigne à Saint-Martin, qu'il fait cultiver pour son propre compte. Il déclare qu'il a recueilli les choses vendues dans la succession de son père et qu'il les tenait en fief avec hommage lige de la maison de Chazelles. Il reconnaît aussi tenir en franc fief de cette dernière la vigne par lui réservée. Investiture par la tradition d'un livre. Ratification de Pierre d'Arthenulphe et de Fontaneysia, enfants du vendeur.

Fidéjusseurs : Arnulphe de Fontaneys, damoiseau, frère du vendeur, Guichard Ferllays et Hugues Aybranni aussi damoiseau.

Témoin frère Jean Arondi, curé de Chazelles.

Dès l'année 1302, Arthaud de Saint-Romain, commandeur de Chazelles, possédait à Saint-Martin-en-Haut, au territoire de Rochefort, des droits et cens et faisait au sujet des ces droits un traité avec les comtes de Saint-Jean de Lyon.

Cette commanderie possédait aussi de grands biens en immeubles, dîmes et cens sur les paroisses de St-Galmier et de Chambœuf, sur la parcelle de Bouchalas à Saint-Martin-Lestra, à Duerne, La Rajasse, Saint-Bonnet-les-Places, Coizieu, Bessenay, Saint-Denis-sur-Coise, Saint-Jean-de-Chaussan et Marlhes. Les biens de Marlhes lui provenaient de la succession des Templiers (1).

. . En 1303, intervint un accord entre les chanoines de l'église de Lyon, obéanciers et seigneurs de Rochefort (entre Yzeron et Saint-Symphorien-le-Château) et frère Artaud de Saint-Romain, précepteur de la maison de Chazelles, agissant au nom de ladite maison et celle de Souzy (près de Saint-Genis-Largentière), d'une part, et nobles hommes Arnulphe de Fontaneys, chevalier; Hugues de Chavannes, Poncet de Rochefort, Guillaume de Monteil, damoiseau, et autres nobles et vavasseurs de Rochefort de l'autre, sur le fait de la justice du mandement du château de Rochefort.

Le juge de l'hôpital connaîtra les délits commis dans les terres de Souzy.

Le châtelain de Lavieu, au nom du comte, ayant fait dresser sur le pont de Cruzille un pilori, signe de haute justice, Arthaud de Saint-Romain, commandeur de Chazelles, s'en plaignit au comte comme étant une usurpation sur les droits des chevaliers de Saint-Jean. En avril

---

(1) Chronique des châteaux et abbayes de Latour-Varan.

1327, le comte de Forez rendait une ordonnance qui prescrivit l'enlèvement du pilori (1).

Le châtelain de Lavieu n'était pas convaincu des droits de chevaliers; aussi, nouvelle réclamation de sa part et nouvelle instruction sur les droits des deux parties; enfin, sentence arbitrale du 27 septembre 1349, rendue entre le précepteur des maisons de Saint-Jean-de-Jérusalem à Chazelles, Montbrison et Verrières, d'une part, et le châtelain de Lavieu, représentant le comte de Forez, d'autre part, au sujet de l'érection du pilori sur le pont de Cruzille. Par cette sentence il fut reconnu que le lieu du pont de Cruzille relevait du mandement du château de Lavieu (2).

Le 1er octobre 1329, eut lieu, entre le comte de Forez et le prieur de Chazelles, de Montbrison et Verrières, assisté du commandeur de Saint-Jean-en-Auvergne, un traité au sujet de la perception de dîme et des droits de justice au lieu du Bois, paroisse de Saint-Maurice-en-Gourgois, qui avaient été donnés à la Commanderie de Montbrison par le seigneur de Saint-Bonnet-le-Château avec la moitié de la grande dîme de Saint-Maurice.

Château-le-Bois formait, à cause de son importance, un membre de commanderie. Il était même assez important pour qu'Etienne de la Bâtie, précepteur de Chazelles, ajoutât à ce titre dans un acte de 1368 celui de Château-du-Bois.

Le 1er octobre 1329 eut lieu entre les mêmes un traité qui régla les droits de justice du comte et des chevaliers au lieu de La Haon assis au territoire de Saint-Bonnet-le-Château.

Les Templiers avaient aussi possédé une maison importante à Marlhes. Dès l'année 1410, elle appartenait à la commanderie de Chazelles, avec droits de justice, fiefs et

(1) *Cabinet historique* de Louis PARIS.
(2) Inv. des titres de la maison de Bourbon, par Huillard-Bréholles.

juridiction sur une grande partie de cette paroisse, notamment sur les villages de Marlhette et autres (*Les fiefs du Forez*). En 1685, ces biens et droits appartenaient encore aux chevaliers de Malte ou de Saint-Jean et en 1789 ils composaient une annexe de la paroisse de Marlhes connue sous le nom d'Hôpital du Temple avec une chapelle sous le vocable de Saint-Jean (1). On trouve encore à Marlhes les ruines de cette commanderie.

Par un acte du 26 décembre 1409, Antoine du Vernet reconnaît devoir au roi, pour la garde de Chazelles, une somme annuelle de « trois talens ou bozons d'or ».

Le 2 janvier 1437, Frère Louis de Saint-Priest, chevalier de Saint-Jean-de-Jérusalem, précepteur de Chazelles, abenevise sous l'introge de 20 sous de tournois, monnaie royale courante, et le cens annuel d'un demi lapin, à André de l'Orme de Turribus, paroisse et mandement de Chazelles, la garenne et la chasse des lapins, lièvres, renards, écureuils, cerfs, perdrix et autres animaux sur les terres que celui-ci possède dans le mandement et justice de Chazelles, sous réserve par ledit précepteur de son droit accoutumé sur l'écureuil et le cerf. Louis de Saint-Priest promet d'observer le présent abenevis.

Témoins : Frère Mathieu Villani, curé de Chazelles, et Pierre de la Grange, prévôt de la Tour-en-Jarez.

Le 10 février 1488, eut lieu une plantation de bornes, à l'Hôpital-le-Grand, au sujet des immeubles que les chevaliers de Saint-Jean des prés de Montbrison possédaient dans ce lieu, contre le prieuré de Saint-Romain-de-Chazelles, le seigneur de Montrond et le commandeur de Saint-Jean.

8 — 12 novembre 1666. — Ordonnance de « Jean Nain », commissaire de la Cour des Grands jours, décidant que les sentences capitales prononcées par les

---

(1) *Almanach du Forez, Lyonnais et Beaujolais en 1789.*

officiers de Chazelles seront exécutées aux frais du commandeur.

2 septembre 1691. — Procuration passée par les
habitants de Chazelles à Claude Pupier, capitaine
châtelain et lieutenant du juge, pour terminer un différend avec le commandeur « au subjet de la manière et
cottité de jetter la dixme du bled, prétendant que lesdits
habitants ne doibvent lever aulcunes croix et qu'ils lui
doibvent charroyer la dixme, et l'appeler pour la jetter,
et de plus qu'ils doibvent jetter la dixme du chanvre et
légumes, et lesdits habitants, au contraire, de n'estre
tenus à jetter la dixme du chanvre pour ne l'avoir jamais
fait, non plus que d'appeller ledit seigneur pour voir
jetter la dixme du bledz ».

2 juillet 1692. — Procuration passée par le commandeur de Chalmazel à un frère chanoine, comte de Lyon,
pour terminer avec les habitants de Chazelles le différend
au sujet de la perception de la dîme.

21 janvier 1701. — Inventaire des meubles de la commanderie de Chazelles : dans la cuisine, un dressoir
portant : « un grand bassin, deux platz pottagers, deux
assiettes creuses, vingt-quatre assiettes pottagères, deux
esguières, une cruche, deux salières, une escuelle
(laquelle est à Montbrison), une tasse, un chandelier, un
bassin à barbe, un bassin pour mettre au lit, deux
chandeliers léton, un poissonier, un coquemart cuivre,
un poilon, un cassot cuivre jaune, deux marmites, un
pot, un bassinoir cuivre, une poille à frire, trois chau-
dières, un tourne-broche, une culière, une escumoire,
une table avec deux bans, une pastière avec son couvert,
deux chenetz fer, une pelle fer, cinq chèzes bois noyer,
une paire cornes de cerf; dans la salle basse : un moulin
à passer la farine, deux litz de Bergame, une table à
faire la pâtisserie ; dans la salle d'en haut : une
crédance, un lit à repos garni de cadis vert...; dans la
chambre de M... un lit garni de cadis jaune, trois matelas,

une coistre et un chevet, un bureau bois noyer, une table, deux guéridons, deux petits chenez garnis de leurs ornements de leton, une crédance, un horloge, une crédance » (1).

20 mars 1702. — Cession à Gabriel Sebin, marchand de Saint-Laurent-de-Chamousset, de toutes les rentes dues à la commanderie de Chazelles sur Saint-Bonnet-les Places, Bouchelas et la Roche (1).

Enfin, nous trouvons en 1739 un exploit contre les religieuses (sic) de Sainte-Marie de Saint-Etienne, aux fins de reconnaître au profit du commandeur de Chazelles un domaine appelé de Roch, sous le servis d'un dément froment.

Il existe, à notre connaissance, deux terriers de cette commanderie, l'un aux archives du Rhône en date de 1290, et l'autre à la bibliothèque de Saint-Etienne, du siècle suivant, et dont voici le résumé :

Extrait du terrier de la rente de la Caravane, dépendant de la commanderie de Chazelles « pour ce qui est dub aux paroisses de Chatelus, Saint-Christo, Grammont, Aveizieux et Saint-Denis ».

Le premier article se termine par ces mots «... avec laods et reconnaissance de père à fils, donné à Chatelus, jour de Saint-Julien 1383 :

« Scavoir :

« Argent.............................. 10.15.6
« Seigle 43 b. à 10 s.................. 23.10.0
« Avoine, mesure de fover, 39 R. 2/3 à
31,65 .... 13.18.10
« Plus mesure de fover combles et demi,
valant à raison de s. R. et 1/3 pour comble
49 ras et 1/3, à raison de 3 s. 65 le ras..... 8.12.6

---

(1) Archives du Rhône.

« Plus mesure de Saint-Symphorien 21 ras
et 3/4, à raison de 6 s. 6.10.6

« Plus avoine mesure de Saint-Chamond
19 ras valant mesure de fover 25 ras et 1/3, au
prix que dessus 4. 8.8

« Gellines 15 à 4 s. pièce 3. 0.0

« Conil 3 à 3 s. 65 .... 1. 2.26
                                        ─────────
« Somme toute ... 31.18.6

« Au denier 30, vaudrait ladite rente 2.153,13 s., sauf
erreur de calcul. »

Tous les droits de fiefs, privilèges, haute, moyenne et
basse justice, qui appartenaient aux chevaliers de Saint-
Jean, furent abolis en 1790, et, peu d'années après, leurs
immeubles, confisqués par la nation, furent mis en vente.

LISTE DE QUELQUES FRÈRES, PRÉCEPTEURS OU COMMANDEURS DE CHAZELLES (1)

1154   Issoard de Montrognon, premier précep-
        teur de Chazelles.

        Robert de Châteauneuf, précepteur de
        Chazelles et Montbrison.

        Jean Bernard, frère.

1196   Pierre Solibri, procureur général des com-
        manderies de Chazelles, Montbrison et
        Verrières.

---

(1) Manuscrit de Guichenon à la Bibliothèque de la Faculté de Médecine de
Montpellier.
   Revue du Lyonnais.
   Archives de la Loire et du Rhône.
   Histoire des ducs de Bourbon et des comtes de Forez, de LA MURE et CHANTE-
LAUZE.
   Livre des nominations de fonctionnaires de Forez (Bibliothèque de Saint-
Etienne).
   Archives de l'Hôpital de Saint-Galmier.
   Archives de Chazelles.

Ils signèrent tous en 1196, avec le prieur de Savigneu et les seigneurs de Grézieu et de Marcieu, une transaction sur les droits de leyde que chacun d'eux réclamait sur le marché de Montbrison.

1230   Frère Guy, commandeur.

1253 et 1262   Bernard de Chambon, précepteur de Chazelles et de Saint-Bonnet-les-Places.

1267 et 1272   Frère Robert de Montridé (de Monte Rugoso), commandeur.

1282   Frère Giraud de Naves, commandeur.

1282   Etienne de Bonins,   —

1284 et 1287   Drognon de la Tour,   —

1288   Bertrand de Grézieu,   —

1293   Guillaume Garel,   —

1297-1300   Jean Blanc,   —

1301   Guyot de Saint-Germain,   —

1302-1318   Arthaud de Saint-Romain.   —

1333   Il fut un des exécuteurs testamentaires du comte de Forez, Jean Ier. Il signa en 1302, avec les comtes de Lyon, un traité sur les droits de justice que la commanderie de Chazelles et les comtes de Lyon avaient à Rochefort et Saint-Martin-des-Anneaux (Rhône).

1335   Girin de Roussillon, commandeur de Chazelles et Verrières.

1366   Etienne de la Bâtie, commandeur.

1367   Guy de la Tour, commandeur et grand prieur d'Auvergne.

1384   Jean-Baptiste-Louis de Bocclozel de Montgontier, commandeur.

1395   Robert de Châteauneuf, commandeur. Il ratifia le traité de 1302.

1403 et 1404   Pierre du Vernet, commandeur.

1406   Mondon de Balzac,   —

1423 et 1425 Michel de Vauzé, commandeur.

1430 Louis de Saint-Priest, —

1503-1507 Guy de Blanchefort, commandeur, grand prieur d'Auvergne, conseiller et chambellan de Louis XII.

1517-1525 Antoine de Blanchon, commandeur de la Marche, puis de Chazelles, maréchal de l'ordre.

Vers 1526 Jacques de Chevrières, commandeur de Verrières et de Chazelles; il mourut à Viterbes, aumônier de la prison de Rhodes.

1530 Emery des Royaux, commandeur, grand prieur d'Auvergne.

1536 Pons Laurencin, commandeur de Saint-Georges à Lyon et de Notre-Dame de Chazelles; il était grand prieur de l'ordre, il mourut à Malte en 1536.

1621 François de Crémeaulx, seigneur-commandeur de Chazelles et Villedieu.

1635 Alexandre de Tallarus de Chalmazel, chevalier de l'ordre de Saint-Jean-de-Jérusalem, seigneur et commandeur de Chazelles.

Ainsi dénommé dans une assignation du 8 janvier 1699 au sujet des « arrérages d'une terre d'environ huit métarées, monnant et relevant de rente de la Murette dépendant de ladite commanderie, reconnue en deux articles, par Jean Chalma, au profit d'icelle rente au terrier uscarle le dixième may 1413; laquelle terre est située au terroir de la Romeya, en la percée de Sourbiers au cens et servis anuel, seavoir : pour le premier article de ladite réponce de quatre deniers viennois et demy géline et pour le second article de un bichet de seigle mesure forestz (1) »

L'abbé de Vertot nous indique les armes de ce commandeur : écartelé au premier et quatrième partie d'or et d'azur à la bande de gueules ; au second et troisième de sable semé d'étoiles d'or, au lion rampant de même.

1709   Claude Chanal, religieux de l'ordre.

1740   Jean-Baptiste de Boclozel de Montgontier, commandeur de Chazelles et Saint-Paul.

1760   De Fiasson de Saint-Joy, commandeur. Il était grand-croix de l'ordre.

1773   Nicolas-François de Prunier de Lemps, seigneur, commandeur.

1788 à 1790   Gaspard de la Richardière de Besse, dernier commandeur de Chazelles ; il était grand bailli d'Auvergne, grand-croix de l'ordre, colonel du corps des chasseurs. C'était le seul commandeur du Forez qui résidait alors dans sa commanderie. Il fut guillotiné à Paris en 1793.

CHATEAU DE RECULION

Il existait au lieu de La Tour, autrefois la Tour-Saint-Romain, près de l'église de Saint-Romain-le-Vieux, à un kilomètre de Chazelles, une tour ronde dont l'existence est mentionnée dans l'acte ci-après :

« 1282, mercredi après la fête de Saint-Pierre et Saint-Paul, 1er juillet.

« Guichard d'Urgey, chatelain de Saint-Galmier avait

---

(1) Pièce communiquée par M. Testenoire-Lafayette.

fait prendre des gages sur le précepteur de Chazelles pour avoir perçu une amende sur certain de ses hommes qui avaient enlevé des pierres de taille de la tour ronde de Saint-Romain-le-Vieux, au mépris de l'accord intervenu en 1268, ordonne de lui restituer ses gages, etc. *(Arch. du Rhône, fonds de Malte).*

Au sujet de la dénomination de cette tour ou peut-être du château dont elle était le dernier vestige, voici ce que dit M. Vincent Durand (1) :

« Une bulle confirmative du traité de 1173 par le pape Alexandre III en date du 1er avril 1174, aux archives du Rhône, donne la variante in mandamento Reculionis. La même bulle a été imprimée dans les preuves de l'histoire du diocèse de Lyon par de La Mure et dans celles de son histoire des ducs de Bourbon; on y lit respectivement a mandamento et in mandamento; mais de plus, au mot Reculionis est substitué celui de Curnilionis, leçon suivie par tous les autres éditeurs et qui est certainement fautive. En effet, le texte de La Mure dérive, ainsi qu'il l'annonce lui-même, d'une copie insérée au livre des compositions du comté de Forez, aujourd'hui conservé à la bibliothèque de Saint-Etienne; or, ce dernier porte très distinctement a mendamento Reculionis, comme l'original des archives nationales.

Où était situé ce fort de Reculion (cette qualité résulte de son titre de chef de mandement)?

Si l'on se rapporte au texte ci-dessus, on voit que le mandement de Donzy, dans la terre du comte, y est mis en regard de celui de Chamousset, dans la terre de l'église, et que le mandement de Reculio est mis en regard de celui de Saint-Symphorien. Et comme il est expliqué à cette occasion que la limite doit être établie de manière à laisser Mays et Maringes au comte, il semble que ces deux localités soient comprises entre Donzy et Reculio. On voit

---

(1) *Bulletin de la Diana*, tome VI.

de plus, par un autre passage du traité que Mays était lui-même chef de mandement : Et Greziacum et Argentariam usque ad mentamentum de Mais. Le même titre est attribué à Chatelus : Castellutiona et Fontanesium cum mendamentis suit sunt in fra terminos comitis. Castrum Riverie et mandamentum et quidquid continetur usque ad mendamentum Castellucii, infraterminos ecclesie habetur. Ces indications combinées paraissent resserrer le cîte de Reculio dans un canton assez étroit, entre Mays et son mandement au nord, Saint-Symphorien et un mandement à l'Est ; Chatelus et un mandement au sud.

Ce point admis, toutes les vraisemblances semblent se réunir pour placer Reculio à la Tour. »

Mais ce point est parfaitement établi par l'acte de 1282 que nous avons analysé ci-dessus.

Le même auteur croit que cette tour commandait le chemin, sans doute ancienne voie romaine de Feurs au Pont Français et de là à Vienne.

On trouve (même auteur), à l'égard de cette tour, de curieux détails dans une charte du 7 mars 1267 qui fait partie du livre des compositions du comté du Forez. Cet acte est un accord entre Renaud, comte de Forez et Robert de Montrognon, grand prieur d'Auvergne sur les droits de justice appartenant à la maison de Chazelles entre le château de Saint-Galmier et celui de Saint-Symphorien, d'une part, et ceux de Mays, de Bellegarde et de Chatelus de l'autre ; c'est-à-dire précisément dans la région où les termes du traité de 1173 nous conduisent à circonscrire nos recherches. Le comte réserve à ses officiers de Saint-Galmier l'exécution des sentences capitales prononcées par ceux du précepteur de Chazelles ; mais il renonce à avoir des fourches patibulaires ou tout autre signe de juridiction dans les paroisses de Chazelles et Saint-Romain-le-Vieux. La tour voisine de l'église de Saint-Romain ne pourra par lui être réparée et il n'y pourra mettre garnison que du consentement des hospitaliers.

Il résulte de tout ceci que le comte de Forez possédait anciennement, au lieu dont il s'agit, une forteresse consistant peut-être en une tour unique, mais qui, placée à cheval sur la route en un point dominant les vallées de l'Anzieu au nord et de la Coise au midi, avait une valeur stratégique sérieuse ; trop rapprochée d'ailleurs de Saint-Symphorien pour qu'il soit probable qu'une autre place forte possédant un mandement distinct existât entre deux.

Le lieu où s'élevait cette forteresse devait avoir un nom particulier, car celui de la Tour n'est qu'une appellation commune applicable à un donjon quelconque, et celui de Saint-Romain indique simplement le patron de l'église voisine. Rien n'empêche d'admettre que ce nom primitif fut Reculio ou plutôt Reculion. Il sera tombé en désuétude comme la vieille tour en ruines et le vocable de l'église du village aura seul subsisté pour disparaître lui-même avec celle-ci.

MAISON FORTE DE BELLE-CROIX

Il existe, sur la route de Chazelles à Saint-Galmier et à environ trois kilomètres de Chazelles, la ferme de Belle-Croix qui est une ancienne maison forte et qui paraît remonter au XVI° siècle.

Cette maison forte est encore dans son état primitif : la porte d'entrée donnant du côté de la route est à plein ceintre et surmontée d'un corps de logis en encorbellement et flanquée de deux tours rondes au midi; une troisième tour ronde est à l'angle sud-ouest de la clôture d'enceinte, qui existe encore.

Son histoire ne paraît pas avoir été fertile en événements et elle a dû avoir un rôle bien peu important, car nous ne trouvons aucun fait historique à signaler, et nous croyons qu'elle était peut-être là pour garder la route, passage militaire.

HOPITAL

L'hôpital actuel de Chazelles ne fut pas le premier établi dans cette ville, et nous trouvons dans la note suivante qu'il en existait déjà un en 1618, époque à laquelle et, par suite d'une circonstance que nous ne connaissons pas, il s'écroula.

« Ce jourd'hui, 23ᵉ jour du moys d'aoust 1618, l'hospital de Chazelles, qui avait esté basti tout auprès de la ville, les maisons estant proches, premièrement la maison de Anthoine Chassain, la maison de Simon Grégoir, la maison de Jacques Mantellier, est tombé environ sur les cinq heures du soir, et incontinent après est survenu Jehan Manthelin, l'un des consuls de l'année présente, lequel assisté ont pris la thuile de ce que peu s'estait conservé et l'ont mis dans la maison dudit Balthazar Demenjon, ensemble quelques ais et travons. Bien est vray que les principales pièces de boys estayent dans ladite chapelle, où lesquelles au mesme instant n'ont peu estre tiré, à cause du marrein dont estaient chargées lesdites pièces et veu mesme la nuit qui pressait, ce qui fut différé jusques au vingt-sixiesme dudit mois, que ledit Manthelin, consul, avec Anthoine Thomas et Pierre Perret, aussy consuls de ladite ville de Chazelles, ont baillé le priffet à Anthoine Chassain et Jacques Mantellier d'oster le marrein de ladite chapelle, qui estoit tombé au milieu du grand chemin qui va à Lyon, au pris, pour leur peine, de cinquante solz. Eux, en travaillant, ont trouvé le treslis de fer de la fenestre, qui estoit dans la muraille qui visait du costé de bise et ont mis ledit treslis de fer, qui avait six pieds, entre les mains dudit Manthelin et iceluy tout aussi toust a remis à Pierre Giraud, consul. » (*Registres paroissiaux.*)

Cet hôpital devait être situé sur la route de Lyon, actuellement rue de Lyon ; il ne devait pas être loin de la ville, puisqu'il était près de diverses maisons qui devaient former le faubourg de Chazelles de ce côté-là.

Il nous a été impossible de trouver l'emplacement précis de cet hôpital.

Le deuxième hôpital occupait un petit local, démoli de nos jours, qui était situé dans la cour de la maison Buer, Grande Rue ; cette maison est occupée par les religieuses de l'ordre de Saint-Charles.

L'hôpital actuel a été fondé en 1830 par l'abbé Galland, mort en 1846. Il comprend vingt-deux lits ; il doit sa fondation à divers dons généreux, savoir :

En 1828, don de Benoîte Plasson, de 10.100 francs ;

En 1829, don de Jeanne Prost, veuve Besson, de 2.454 francs ;

En 1830, don de Claude-Joseph Buer, procureur du roi, de 12.000 francs ;

En 1830, don de Jean-Baptiste Galland, curé, de 4.250 francs ;

Un don important a été fait, il y a quelques années, par M. Blanchon.

L'édifice actuel comprend un grand bâtiment élevé de deux étages, avec un grand jardin à la suite ; cet édifice a été construit en deux fois, la première partie (côté sud) en 1857, et la partie nord en 1866.

INDUSTRIES

L'industrie de la chapellerie doit remonter au XVIe siècle bien que la tradition ne la fasse remonter qu'au XVIIe siècle, car nous trouvons, sur les registres de l'année 1602, un sieur Jéhan Dumont, qualifié de chapelier ; ce qui prouve déjà l'existence de l'industrie à cette époque ; et il est peu probable que ce chapelier soit le premier ; nous pouvons donc croire qu'elle remonte antérieurement au XVIIe siècle.

A partir du XVIIe siècle, les archives communales fournissent beaucoup de noms de chapeliers. Il nous a été communiqué un procès-verbal du 7 pluviôse an IV (5 février 1794) réquisitionnant tous [les chapeaux se trouvant chez les fabricants pour coiffer les volontaires devant aller à la frontière ; ce procès-verbal mentionne qu'il a été trouvé chez les trente-six fabricants 1.200 chapeaux et 400 à 500 kilos de laine réservés pour la même destination.

Il paraît que la situation prospère de cette industrie, antérieurement à 1790, ne s'était pas maintenue et que la fabrication était loin de s'être accrue. Ses produits actuels, disait Duplessis en 1818, « atteignent à peine le huitième de ceux qu'elle donnait en 1790 ; cet état de stagnation continue depuis 1793 et, si l'on s'aperçoit de quelque variation, elle a lieu dans un sens rétrograde ».

Il semblerait résulter (1) des renseignements et souvenirs que jusqu'en 1855 la fabrication était restée dans les limites restreintes de la consommation de huit ou dix départements environnants. Les chapeaux étaient vendus aux grandes foires qui se tenaient autrefois dans diverses villes, notamment : Clermont, Limoges et Nevers.

Vers 1850, il s'est formé un autre débouché pour la fabrication chazelloise. Des maisons lyonnaises, qui, sous le titre de fabricants de chapeaux, faisaient voyager non seulement en France, mais dans toute l'Europe, venaient à Chazelles tous les lundis enlever les marchandises qui avaient été fabriquées pendant la semaine. Ces chapeaux étaient livrés à l'état brut pour être dressés et garnis à Lyon d'où on les expédiait dans le monde entier comme fabrication ou chapellerie lyonnaise. Or, cette fabrication ou chapellerie lyonnaise n'a jamais existé sérieusement qu'à Chazelles et à Bourg-de-Péage (Drôme).

La facilité de la vente et le grand nombre de maisons

_____

(1) *Notices sur les industries de la région*, par M. Lucien THIOLLIER, secrétaire de la Chambre de commerce de Saint-Etienne.

fondées successivement à **Lyon**, à **Paris** et ailleurs, se disputant la marchandise tous les lundis à Chazelles, ont amené le développement de cette fabrication qui s'est élevée de 4 à 5.000 chapeaux par semaine en 1850, à 18 ou 20.000 vers 1870.

En 1871, une maison nouvellement installée a commencé à fabriquer et à terminer le chapeau ; par sa production relativement importante, les intermédiaires ont été paralysés dans leurs débouchés et insensiblement toutes les maisons de Chazelles, au nombre de 17, produisant 1.500.000 chapeaux par an, ont été amenées à garnir et à livrer directement au détail et à l'exportation.

Cette fabrication, qui occupe 16 à 1.800 ouvriers s'est transformée complètement par suite des procédés mécaniques. Les matières employées autrefois (poil de chameau et laine) ont été remplacées par les poils de lapin, de lièvre et de castor.

Les machines qui ont supprimé le métier du chapelier facilitent l'installation des grandes fabriques partout, surtout à l'étranger.

Depuis un an il a été construit une nouvelle usine mécanique sous la dénomination de Fabrique française de Chapeaux de feutre et laine au capital de deux millions.

Les trois quarts de la fabrication de Chazelles sont destinés à l'exportation. Cette production pourrait être augmentée si des mesures restrictives ne venaient entraver ses débouchés ; comme elle serait réduite à peu de choses si elle était obligée de se contenter de la vente à l'intérieur !

A côté de cette industrie, nous pouvons mentionner celle de la soie.

Plusieurs fabricants lyonnais occupent de nombreux métiers appartenant à des passementiers habitant cette commune.

Les produits qui se fabriquent sont la soie pour parapluies et robes.

PESTE
CHAPELLE SAINT-ROCH

D'après la tradition, au commencement du XVIIe
siècle, une épidémie de peste a été importée dans cette
localité par une balle de poils de chameau venant de
Smyrne.

Nous n'avons trouvé aucun document de nature à nous
éclairer sur l'existence de ce fléau, à l'exception d'un acte
de décès dans lequel il est dit : « Le huictième du mois
de juin 1629, fut mis en sépulture saincte, au cimetière
de Chazelles, Durand, sellier, de Saint-Symphorien-le
Chastel, lequel se vint retirer en la paroisse de Chazelles,
chez ses parans, à cause de la contagion qui était gran-
dement alumée audit Saint-Symphorien, où il mourut
du mal contagieux cinq cents personnes. »

En effet, une épidémie de peste vint éprouver Saint-
Symphorien en 1628. « Elle avait été apportée de Lyon
par Catherine Mercier, qui mourut le même jour de son
arrivée, 20 août. Ce terrible fléau se développa avec une
telle intensité et des symptômes si alarmants que la plu-
part des habitants se retirèrent dans les paroisses
voisines : onze cents cabanes furent disposées hors de
la ville pour recevoir les malades atteints de la contagion,
et les maisons où cette maladie s'était manifestée étaient
aussitôt closes : plus de cinq cents personnes succom-
bèrent. Ce fléau, qui cessa en 1629, reparut au mois de
juillet 1631, mais dura peu de temps » (1).

Nous trouvons également dans les archives communales l'acte suivant : « Ce dernier jour du moys de mai
1631, Jacques Gastel, hoste de la Croix-d'Or, a rendu
l'âme à Dieu. Il mourut du mal de contagion et fut
enterré en un petit jardin proche sa maison. »

---

(1) *Notice sur Saint-Symphorien-le-Château*, par COCHARD.

A la même époque, une peste sévit dans le Forez et à Montbrison avec une extrême rigueur, et beaucoup d'habitants abandonnèrent la ville.

Auguste Bernard nous rapporte l'inscription suivante, trouvée en marge d'un missel :

> Et l'an mil cinq cent et sept,
> Que Montbrison estoit infect ;
> Il en mourut, de compte faict,
> Trois mille sept cent et sept.

Signé : POMYER.

De ce que nous venons de voir, nous pouvons en déduire que si le fléau sévit dans cette ville, il y fut importé par les habitants qui émigraient des villes où il régnait ; mais il ne fut pas bien terrible, car, dans le cas contraire, nous aurions trouvé des documents en faisant mention (1).

C'est à cette circonstance que l'on doit l'érection de la chapelle Saint-Roch, qui a donné le nom à un quartier et qui a subsisté jusqu'à la Révolution. La cloche qui la surmontait fut remise à la Convention en 1793, ainsi que le constate un procès-verbal.

Cette chapelle, devenue propriété particulière, était établie dans une maison qui existe encore de nos jours.

Le 3 brumaire an III, la chapelle de Saint-Roch, sise au territoire du Piney, fut affermée, avec d'autres immeubles, à Barthélemy Roche, notaire à Chazelles, moyennant 180 livres par an. (*Archives de la Loire.*)

Sur sa façade, on remarque encore une petite statuette de Saint-Roch, et, du côté de la place Thiers, on peut encore voir la fenêtre qui est actuellement murée, et qui donnait jour au chœur de cette chapelle.

---

(1) C'est, dit-on, à cause de cette épidémie que les marchés qui se tenaient à Chazelles furent transférés à Grézieu et ensuite à Saint-Symphorien-sur-Coise.

DEUXIÈME PARTIE

___

PÉRIODE RÉVOLUTIONNAIRE

Sous le titre suivant, nous allons publier divers documents relatifs à la période révolutionnaire et aux opérations des délégués de la commission temporaire de surveillance républicaine à Chazelles, ainsi que quelques délibérations du Conseil municipal de Chazelles, concernant la même époque.

Toutes ces pièces pouvant présenter un intérêt pour l'histoire de Chazelles, nous croyons devoir les transcrire ici telles que nous les avons trouvées et sans y ajouter aucun commentaire, notre but étant purement historique.

CHAZELLES PENDANT LA RÉVOLUTION

La commission temporaire de surveillance républicaine, établie le 10 novembre 1793 par les représentants du peuple Collot d'Herbois, Fouché et Delaporte, était chargée de faire exécuter leurs arrêtés ainsi que les décrets de la Convention nationale, séquestrer les biens des rebelles, recevoir les réclamations, dresser les listes des contre-révolutionnaires, faire arrêter les fugitifs et suspects, procéder au jugement des détenus et approvisionner les marchés de subsistances.

Elle était divisée en deux sections, l'une permanente

à Lyon, l'autre ambulante dans les départements de Rhône et de Loire. Son autorité était souveraine et les autorités locales devaient la servir.

Dans sa séance du 23 frimaire an II (13 décembre 1793), le secrétaire de la commission temporaire de surveillance républicaine donne lecture d'une lettre annonçant que dans la commune de Chazelles, sous-commune affranchie, « le fanatisme y est à son comble, que les prêtres et riches en sont la seule cause. »

L'assemblée nomme Sadet et lui adjoint Palliet pour s'y rendre et « prendre des mesures révolutionnaires convenables ».

Trois de ses membres, Sadet, Palliet et Vivient se rendent à Chazelles et à Chausse-Armée (Saint-Symphorien), recherchent les trésors dans les caves, enlèvent l'argenterie et les ornements d'église, font de nombreuses réquisitions et font apporter à Lyon les objets enlevés.

Opérations de Sadet à Chazelles du 26 frimaire an II (16 décembre 1793) au 22 nivôse an II (1er janvier 1794).

LIBERTÉ ET ÉGALITÉ

26 frimaire an II (16 décembre 1793), Nous membres de la commission temporaire établie à Commune-Affranchie (Lyon), par les représentants du peuple, étant en fonctions à Chazelles-sur-Commune-Affranchie, département de la Loire, ayant appris que le curé dudit Chazelles s'est évadé à notre arrivée, ce qui fait présumer qu'il s'était rendu coupable, nous avons procédé à l'ouverture de son domicile, assisté de deux membres de la municipalité ; après y avoir fait ouverture n'y avons trouvé que des gros meubles, tels que bois de lits, paillasse, armoires, commode, secrétaire, chaises et glacé, ainsi que la batterie de cuisine ; avons requis la municipalité d'apposer les scellés sur toutes les portes jusqu'à de nouveaux ordres et sur leur responsabilité. Les officiers municipaux ont signé ainsi que nous le procès-verbal.

Chazelles, le 26 frimaire an II (16 décembre 1793).

Réquisition de la municipalité de Chazelles :

1° De ramasser les vases et ornements d'église tant de leur commune que de celles de leurs cantons pour être portés au creuset national ;

2° De faire descendre les cloches et de faire disparaître les emblèmes du fanatisme, de superstition et de féodalité ;

3° De fournir de suite douze paquets de cartouches nécessaires aux dragons qui sont avec nous ;

4° De faire apposer les scellés de suite sur l'habitation du ci-devant curé ;

Reçu et donné décharge à la municipalité de Chazelles de trois calices, leurs patènes, un soleil, un ciboire, une paire de burettes avec son plat, un crucifix, une lampe, un encensoir avec sa navette, en argent, ainsi que les harnais servant au culte superstitieux.

Chazelles, 27 frimaire an II (17 décembre 1793).

Les délégués des représentants du peuple, membres de la commission temporaire,

Considérant que Buer, ci-devant procureur du roi, est absent de cette commune depuis environ deux ans ; que depuis ce temps il n'a jamais donné des preuves de sa résidence dans la République que par un certificat de Marseille, sans désignation, à la date du deuxième mois de la deuxième année ; que ce certificat ne prouve sa résidence à Marseille que depuis un an ; qu'en conséquence, il y était lors de la rebellion de cette commune, et que la première année de son absence est plus que suspecte, puisqu'il n'y a point de certificat qui prouve sa résidence nulle part, arrête :

Art. 1er. — Tous les biens appartenant à Claude Buer, ci-devant procureur du roi, tant dans cette commune que dans les environs, seront séquestrés jusqu'à ce qu'il ait

4

produit des preuves de son patriotisme et de sa résidence dans la République :

ART. 2. — Les municipalités où sont situés les biens du sieur Buer sont chargées de faire apposer les scellés sur ses biens et effets ;

ART. 3. — Les municipalités sont pareillement chargées de mettre un gardiateur partout où besoin sera ; elles choisiront à cet effet de vrais patriotes, indigents et pères de famille.

Chausse-Armée (Saint-Symphorien), le 30 frimaire an II (20 décembre 1793).

Réquisition au commandant de la gendarmerie à Armeville, ci-devant Saint-Etienne, de mettre en état d'arrestation et faire conduire à Chazelles, de concert avec les dragons porteurs de l'ordonnance, les ci-devant curé et vicaire dudit Chazelles ; faire apposer par la municipalité les scellés sur les effets ci-dessus mentionnés.

Le 6 nivôse an II (26 décembre 1793).

Réquisition de la garde nationale de Chazelles de se transporter de suite en la commune de Saint-Médard.

Les délégués étant allés dans cette commune se sont trouvés en face d'une troupe de citoyens au nombre de 2.000 qui, voyant leur arrivée et en apprenant le motif, tenaient les propos les plus séditieux et se disposaient à repousser par la force les instructions et opérations de la commission.

Chausse-Armée, 7 nivôse an II (27 décembre 1793).

Nous, membres de la commission temporaire,

Considérant que dans les communes de Chausse-Armée et Chazelles, ainsi que celles de leurs cantons respectifs, le fanatisme s'y manifeste d'une manière dangereuse ;

Considérant qu'il est également dangereux de laisser entre les mains de ces mêmes fanatiques le moyen de nuire avec plus de facilité à la chose publique, arrête :

ART. 1ᵉʳ. — Les municipalités de Chausse-Armée et de Chazelles seront tenues d'effectuer le désarmement des communes de leurs cantons respectifs ;

ART. 2. — Ils ramasseront les armes de toutes espèces, fusils de munitions, de chasse, sabres, pistolets, gibernes, etc... en feront un état particulier de chacun ;

ART. 3. — Les armes de munition et de calibre seront de suite envoyées à Commune-Affranchie, pour armer nos frères qui partent à la frontière ; les fusils de chasse seront distribués aux citoyens reconnus pour vrais patriotes ; le tout sous la responsabilité des municipalités.

Chazelles, 8 nivôse an II (28 décembre 1793).

Réquisition à la municipalité de Chazelles de nous fournir pour demain, trois heures du matin, deux voitures avec les chevaux nécessaires.

Id. Autorisation à la municipalité de Chazelles de se transporter dans toutes les communes où Claude Buer a des possessions ; d'y faire apposer les scellés et séquestres, en vertu de notre arrêté, et recevoir des mains des fermiers les sommes dues pour être remises à qui de droit.

COMMISSION DE JUSTICE POPULAIRE DE FEURS

Séance du 8 frimaire an II (28 novembre 1793).

L'accusateur public a dit :

La commission militaire établie par les représentants du peuple délégués dans le département du Rhône et autres vient de m'envoyer une réquisition tendant à lui envoyer les noms de ceux des détenus que vous avez reconnu devoir être jugés militairement et toutes les pièces, titres et papiers qui leur sont relatifs. Par un des représentants Couthon et Maignet, vous avez été autorisé à juger non seulement les conspirateurs, chefs ou instigateurs, mais même les rebelles pris les armes à la main, mais il me semble que par l'établissement d'une commission militaire il ne vous reste à juger que les conspirateurs et leurs complices autres que ceux pris les armes à la main, etc..... et je requiers que vous envoyiez par devant la Commission militaire les nommés Monnet et Vissaguet pris à l'affaire de Chazelles, et les deux seuls interrogés qui m'avaient paru devoir être jugés militairement. Je requiers qu'il soit également renvoyé à la commission militaire les interrogatoires de Monnet et Vissaguet, et deux lettres, ou mémoires envoyés par Monnet à la commission de justice populaire.

La commission après avoir entendu l'accusateur public, vu l'arrêté des représentants du peuple et le réquisitoire des membres de ladite commission, arrête qu'elle délaisse à la commission militaire le jugement de Monnet et Vissaguet, détenus dans la maison d'arrêt de Feurs ; à cet effet, l'interrogatoire de ces deux prévenus et autres pièces lui seront adressés sans délai. (*Archives du Rhône*, publiées par M. SALOMON DE LA CHAPELLE.)

JUGEMENT DE LA COMMISSION DE JUSTICE MILITAIRE DE FEURS
QUI CONDAMNE A MORT DE VISSAGUET ET MONNET.

Du 16 frimaire an II (16 décembre 1793).

La commission de justice militaire révolutionnaire réunie au lieu de ses séances a rendu le jugement suivant :

Ont été conduits par la force armée les dénommés François-Pascal de Vissaguet et Jean-Baptiste Monnet fils, lesquels après avoir subi séparément des interrogatoires sur les crimes et délits dont ils étaient prévenus et fourni leurs moyens de défense,

Il résulte que Monnet fils était canonnier, qu'il fut caserné à Montbrisé pour faire le service de la force départementale de concert avec les muscadins; qu'il s'est trouvé dans l'affaire de Moingt et du nombre de ceux qui désarmèrent les patriotes; qu'à la suite, et toujours avec les muscadins, il est allé à Montrond; qu'il ne s'en est retiré que pour se rendre à Chazelles où il fut arrêté par les troupes de la République peu d'instants après qu'il eut abandonné la pièce qu'il servait et qui avait été chargée pour tirer sur l'armée républicaine; qu'il avait encore son baudrier, ayant déclaré avoir perdu son briquet à la course.

Quant à de Vissaguet, il résulte, outre les faits ci-dessous, qu'il a été témoin des dévastations faites au club de Montbrisé, que continuellement il a fait le service de canonnier avec les muscadins dans les expéditions de... Montrond et Chazelles; que dans ce dernier endroit et à l'arrivée des troupes de la République, il s'efforça, avec trois de ses camarades, à emmener la pièce de canon à laquelle il était attaché; qu'il ne la quitta que lorsque ses forces l'abandonnèrent: qu'il reçut alors un coup de fusil au bras droit et que, lorsqu'il fut arrêté, il avait deux pistolets et un briquet de canonnier et qu'il s'est aidé à emporter ou conduire des grains et bestiaux destinés à la ville rebelle.

La Commission, etc...

Qu'ils se sont trouvés à Montrond et à Chazelles, et lors de la déroute des muscadins, qu'ils ont été pris dans ce dernier endroit presque aussitôt que la pièce de canon qu'ils servaient eût été tirée à mitraille; l'un, ayant deux pistolets et un briquet et l'autre le baudrier d'un briquet.

D'après leur déclaration faite publiquement et à haute voix,

Les juges de la commission de justice militaire, considérant, etc.....

La commission de justice militaire appliquant les lois sus-rappelées a condamné et condamne les sus-nommés Monnet et Vissaguet à la peine de mort, ordonne qu'ils seront conduits sur la place d'armes de la commune de Feurs pour y être fusillés dans le jour ; déclare, aux termes de la loi, que leurs biens seront confisqués au profit de la République.

Il est ordonné au commandant de la force armée de la commune de Feurs de fournir le nombre de soldats nécessaires pour l'exécution du présent jugement.

Fait et prononcé, etc...

Cette sentence fut sans doute exécutée, car nous voyons figurer les noms de Monnier et de Vissaguet dans la liste des exécutions du 6 décembre 1793. (*Archives du Rhône.* SALOMON DE LA CHAPELLE.)

EXTRAITS DES DÉLIBÉRATIONS DU CONSEIL MUNICIPAL DE CETTE VILLE, PENDANT LA PÉRIODE RÉVOLUTIONNAIRE

Serment de la Garde nationale.

Cejourd'hui 14 juillet 1791 et le premier de la troisième année de la liberté française,

Nous, maire, etc..,

Et d'après la lecture qui a été faite par notre secrétaire greffier du décret de l'Assemblée nationale du 22 juin dernier, etc..... concernant la fête patriotique de ce jour et la prestation du serment patriotique des gardes nationales, le tout dûment lu, publié et affiché dimanche dernier, nous nous sommes rendus, revêtus de nos décorations municipales, dans l'église paroissiale de cette ville, sur les onze heures du matin, où nous avons trouvé la garde nationale de cette ville y assemblée et après avoir entendu la messe qui a été célébrée en mémoire de la liberté française, le maintien du bon ordre et de la

Constitution décrétée par l'Assemblée nationale du 22 juin dernier et de l'arrêté du Conseil général 'du département de Rhône-et-Loire du 7 du présent mois de juillet. Et le tout dûment donné à entendre à ladite garde nationale. L'heure de midi sonnante, ladite garde nationale de cette ville et paroisse a, sur le champ, prêté le serment patriotique en ces termes : « Je jure d'employer les armes remises en mes mains à la défense de la patrie et à maintenir contre tous les ennemis du dehors la constitution décrétée par l'Assemblée nationale ; de mourir plutôt que de souffrir l'invasion du territoire français par des troupes étrangères, et de n'obéir qu'aux ordres qui seront donnés en conséquence des décrets de l'Assemblée nationale. »

D'après quoi, il a été, en action de grâces, pour le salut de l'Etat et la conservation de nos augustes représentants, chanté le Te Deum au son de la grosse cloche et de l'artillerie de la Garde nationale.

Recensement de grains et troubles à cet effet.

20, 22 septembre 1792 et jours suivants. — Délibération relativement au dépouillement des sections pour parvenir à la formation de la matrice du rôle et de la contribution foncière..... attroupement de la foule demandant avec instance la taxe du prix des grains et au recensement du grain..... une sourde rumeur se fait entendre; le peuple amène le sieur Jean Blanchard, disant qu'il s'était opposé à ce qu'ils montassent dans ses greniers et le peuple, s'étant emparé des clefs de la prison, l'a constitué prisonnier et a gardé les clefs, disant qu'on le relâcherait le lendemain..... constitué prisonnier le nommé Antoine Grange... et ont enlevé le grain que celui-ci n'avait pas déclaré et ils ne les ont délivrés qu'après avoir demandé une somme convenue entre eux..... attroupement de la populace, qui a brisé la clôture du jardin du ci-devant commandeur dudit lieu.

Illuminations pour célébrer la prise de Lyon.

Cejourd'hui 10 octobre 1793, etc.

Sur la nouvelle donnée par plusieurs personnes de Lyon, que l'armée de la République avait eu l'avantage sur les muscadins et qu'elle avait fait son entrée triomphante dans la ville de Lyon, etc.

Nous, maire, etc..., considérant que, dans un moment où les vœux des républicains s'accomplissaient en voyant anéantir les malveillants, chacun doit manifester sa joie ;

Considérant qu'une bonne nouvelle doit se propager autant qu'il est possible, et que tout vrai patriote est jaloux de connaître le bonheur de sa patrie :

Arrêtons que la nouvelle de l'entrée de l'armée républicaine dans Lyon sera proclamée au son de la caisse par toute la ville, et qu'en l'honneur de cette victoire, il est enjoint à tous, domiciliés ayant jour sur les rues, d'illuminer ses fenêtres avec des lampions, pots à feu ou chandelles, pendant toute la nuit, à commencer dès six heures du soir, sous peine d'être considérés comme muscadins et conséquemment complices des rebelles ; et seront, les désobéissants, punis comme tels.

Incinération des titres féodaux.

22 brumaire an II (12 novembre 1793). — En conformité du décret de la Convention nationale en date du 19 juillet dernier, proclamé le 21 août suivant, portant que tous les titres de droits féodaux, censuels ou rédituels et autres y relatifs, seraient brûlés trois mois après la promulgation dudit décret, ne l'ayant pas été le 1er août, nous avons procédé audit brûlement sur les cinq heures du soir, sur la place de la Liberté, où était assemblée une foule innombrable de citoyens, qui ont chanté avec allégresse plusieurs chansons patriotiques, avec des cris de : vive la République ! Vive la Convention !

Manifestation en l'honneur de Chalier.

20 brumaire an II. — La municipalité, etc..., se sont réunis autour de l'arbre de la liberté, et l'éloge funèbre de Chalier a été lu et un portrait présenté à tous les citoyens. Après cela, un repas civique s'est élevé ; on a fait un repas de vrais sans-culottes, la fraternité et l'égalité se sont manifestées en buvant tous à la même gamelle et en mangeant des pommes de terre. La fête s'est terminée par une farandouille tout autour de la commune

Illuminations en l'honneur de la prise de Toulon.

2 nivose an II. — Relation de la fête en l'honneur de la prise de Toulon ; nous avons fait sonner la grande cloche et enjoint à tous les citoyens d'illuminer pour manifester, etc.... En conséquence, chacun a manifesté sa joie en répondant à notre invitation : les femmes jeunes et vieillards, malgré le temps pluvieux, ont manifesté autour de l'arbre de la liberté jusqu'à trois heures après minuit.

EXPÉDITION DES LYONNAIS DANS LE FOREZ

Défaite sanglante de Chazelles.

Un décret de la Constituante du 2 février 1790, sur la division du territoire, avait formé du Lyonnais, Forez et Beaujolais un seul département appelé Rhône-et-Loire, dont Lyon était le chef-lieu.

Mais pendant le siège, et, pour affaiblir la résistance des Lyonnais, les représentants du peuple prirent un arrêté le 12 août 1793, confirmé par un décret de la Convention du 11 novembre suivant, portant établissement d'un département composé des districts de Saint-Etienne, Montbrison et Roanne, sous la dénomination de département de la Loire, dont le chef-lieu était Feurs.

Une circonstance inopinée (1) engagea les Lyonnais à organiser immédiatement quelques bataillons pour occuper le Forez.

Cette petite troupe connue sous le nom d'Armée Départementale Lyonnaise envoyée dans le Forez le 9 juillet 1793, a, pendant deux mois, occupé successivement : Rive-de-Gier, Saint-Chamond, Saint-Etienne, Feurs et Montbrison où elle s'est maintenue jusqu'au 12 ou 14 septembre, époque de sa rentrée à Lyon avant l'investissement complet de la ville.

Le but de cet envoi de troupes fut de rétablir l'ordre troublé à Saint-Etienne et de maintenir les relations entre le centre d'unité du département et les autres villes de Rhône-et-Loire. Son but principal fut aussi d'assurer, en cas d'un siège de la ville de Lyon, un approvisionnement en armes par la Manufacture de Saint-Etienne et un ravitaillement en blés et céréales par Feurs et Montbrison et pour remplacer ceux qui avaient été achetés à Mâcon par les autorités de Lyon et qui avaient été séquestrés par les représentants du peuple.

Nous ne nous occuperons ici que des derniers jours de cette expédition et de son départ de Feurs pour rentrer à Lyon.

Pour se rallier encore des partisans et rassembler de plusieurs côtés des approvisionnements, on marcha sur deux colonnes. La première, la plus considérable de beaucoup, s'achemina par Feurs et arriva heureusement à Duerne, après avoir eu seulement quelques alertes en route. La seconde, composée d'une cinquantaine d'hommes, dirigée par Montrond et Chazelles, était destinée à un cruel désastre. Un petit poste avait été établi d'avance à Montrond pour assurer le passage de la Loire; il ne fut point attaqué, mais il était entouré d'ennemis qui

---

(1) *Expédition des Lyonnais dans le Forez*, par Louis CHALEYER, G. VIRICEL et DEVET, d'après le manuscrit de Joachim PUY.

l'observaient. Le cavalier Tillon s'étant écarté imprudemment seul et à cheval reçut un coup mortel. M. Tillon appàrtenait à une notable famille de Saint-Galmier.

La colonne qui avait pris la route de Montrond était commandée par M. de Nicolaï. Elle chemina paisiblement jusqu'à Chazelles où son commandant la dispersa pour se rafraîchir, ne croyant pas qu'il fut nécessaire de se garder ; mais des troupes nombreuses marchaient à sa suite, sans avoir été aperçues. Elles étaient composées du premier bataillon' des volontaires de l'Ardèche et de deux escadrons de dragons. Elles signalèrent leur passage à Montrond par l'incendie du château. Elles marchèrent ensuite à grands pas du côté de Chazelles. Leurs chefs sùrent que les Lyonnais s'y trouvaient arrêtés sans défiance. La troupe ennemie n'y rentra point ; mais elle cerna la ville en toute hâte et plaça la plus grande partie de ses forces en embuscade sur la route de Lyon.

Les Lyonnais n'eurent aucun avis du danger qui les menaçait. Après deux heures de repos ils se rassemblèrent et se mirent tranquillement en route. A peine débouchèrent-ils hors des murs qu'une grêle de balles les assaillit. Une nombreuse cavalerie chargea sur eux ; ils rentrèrent dans la ville, mais les troupes républicaines s'y précipitaient en même temps de tous côtés ; la défense n'était plus possible. Chacun chercha son salut dans la fuite, le plus grand nombre fut inhumainement massacré. M. de Nicolaï tomba un des premier, deux tiers des siens perdirent la vie, des femmes furent égorgées sur les chariots de transports, et si quinze à vingt hommes parvinrent à s'échapper, ce fut que le hasard leur présenta une ruelle étroite, conduisant hors de la ville et par laquelle aucun ennemi n'avait songé à passer, et qu'occupés de tuer dans les rues, ils n'avaient pas laissé de poste dehors. Ces malheureux, en partie blessés, arrivèrent à Duerne dans un état déplorable.

Au milieu des scènes d'horreur qui venaient de se

passer, un militaire républicain s'était distingué par un acte éclatant de générosité.

Parmi les Lyonnais qui composaient le détachement se trouvait un jeune homme distingué, M. de Gérando, depuis conseiller d'Etat. Il fut de ceux que l'ennemi surprit sans défense dans les rues de Chazelles. Déjà les sabres et les baïonnettes étaient levés sur lui, lorsqu'un officier d'infanterie de haute stature, le capitaine Goltier, du premier bataillon de l'Ardèche, las d'être témoin des lâches assassinats, se précipite au-devant de la victime, déclare qu'il fait ce Lyonnais son prisonnier et qu'il entend que personne n'ait à le toucher. On s'étonne d'abord, mais bientôt la fureur sanguinaire se ranime, les égorgeurs redemandent leur proie, se précipitent pour la frapper. Le capitaine couvre le jeune homme de son corps, recule en le tenant toujours derrière lui, dans un enfoncement formé par deux maisons, écarte les coups avec un sabre, soutient longtemps cette lutte, surtout contre les dragons, parvient enfin à retirer de Gérando de cette horrible bagarre, le conduit lui-même jusqu'à une lieue de la ville et le rend à la liberté sans lui dire son nom (1).

Voici une autre narration d'un auteur forézien (1),

« Le général de Nicolaï, après avoir traversé la Loire, avait fait reposer ses troupes dans le village et le château de Montrond. Il se croyait désormais à l'abri des poursuites du général Fugières qu'il supposait occupé à se caserner à Montbrison.

« La colonne ne pouvait marcher vite, encombrée qu'elle était par des femmes, des enfants, des vieillards qui fuyaient la vengeance des républicains et par de

---

(1) Nous empruntons ce récit au manuscrit de M. de Poncins, publié par MM. L. Chaleyer, Viricel et Devet.

(1) *Saint-Etienne et le Forez* sous la Terreur, par un auteur forézien, pages 87 et suivantes.

nombreux chariots, chargés de provisions et de bagages de toutes sortes : la route de Montbrison à Lyon étant la plus courte, on décida de la suivre.

« Mais le général Fugières n'était pas resté inactif. Il s'était mis à la poursuite des fugitifs, et, vers le milieu de la nuit, il atteignait les bords de la Loire et faisait canonner le château de Montrond, que les lumières des fenêtres désignaient à ses boulets.

« De Nicolaï s'empressa de repartir. Les républicains craignant une surprise de nuit, attendaient le jour pour traverser la Loire ; ils étaient fatigués, les royalistes étaient loin : ils se bornèrent à incendier le château sans continuer la poursuite.

« Les royalistes arrivèrent sans encombre, mais harassés, à Chazelles-sur-Lyon. Arrivés au milieu du village, ils se hâtèrent de déposer leurs armes et leurs sacs pour se reposer. Mais, à ce moment, une épouvantable fusillade, partant des maisons situées des deux côtés de la route, mitrailla à bout portant les Montbrisonnais. Des quantités de républicains cachés dans les maisons faisaient pleuvoir une grêle de balles sur les royalistes surpris et embarrassés par les charrettes qu'ils emmenaient.

« La seule rue du village de Chazelles constitue la route de Lyon : les muscadins se précipitent en avant, pour sortir de ce guêpier ; mais l'extrémité du village est barricadée par des charrettes de foin, liées entre elles avec des chaînes. Les royalistes se trouvent enfermés dans un cul de sac. La lutte dès lors dégénéra en massacre. Les républicains étaient de beaucoup supérieurs en nombre et chaque minute leur amenait des renforts. Les Montbrisonnais, serrés dans cette impasse, tournoyaient sur eux-mêmes et offraient un but certain aux balles de leurs ennemis.

« Après des efforts décuplés par le désespoir, le général de Nicolaï parvint à renverser la barricade et à déblayer la route : la colonne royaliste put s'élancer hors du village. Nicolaï se plaça alors à l'arrière-garde et, aidé par quelques cavaliers, chercha à protéger la retraite.

« Les républicains enivrés par la lutte se précipitèrent à la poursuite de la colonne décimée et le combat se prolongea avec rage jusqu'à ce que le général Nicolaï, qui combattait comme un simple soldat, tomba la tête fracassée par une balle. Sa mort donna le signal de la déroute : la résistance cessa et les royalistes se mirent à fuir au hasard à travers champs, poursuivis par les paysans.

Ce fut une horrible boucherie ; on massacra impitoyablement tous ceux qui furent atteints.

« Pas de quartier » avait écrit La Roche-Négli à Salvizinet. « Pas de quartier » répétaient les paysans vainqueurs, et ils n'en accordaient pas. Quelques-uns essayèrent de se cacher dans l'intérieur du village ; ils furent tous pris et fusillés ou assommés. Plusieurs femmes qui avaient suivi les Montbrisonnais eurent le même sort. Un vieux prêtre fut découvert caché chez une femme de Chazelles : les paysans, enragés, les massacrèrent l'un et l'autre, puis ils réunirent les deux cadavres nus et sanglants des victimes et les exposèrent sur la grande route, liés ensemble et indignement accolés.

« Comme les royalistes, les républicains souillaient leurs victimes par d'odieuses représailles.

« Les royalistes, dans ce moment même, traînaient avec eux une vieille femme comme otage : cette femme était la mère du représentant Javogues, qui devait s'emparer de ce prétexte pour justifier ses horribles vengeances.

« Les survivants du massacre de Chazelles atteignirent enfin Duerne où les attendait impatiemment La Roche-Negli. La présence de la seconde colonne royaliste arrêta la poursuite des paysans et sauva les débris du détachement de Nicolaï. »

Ces faits se trouvent relatés de la manière suivante dans une pièce se trouvant aux archives de Chazelles :

« Au mois de septembre 1793, le général de la Roche-Négli appelé Rimbert, en réquisition dans le Forez pour l'armée de Lyon, battait en retraite, menacé par les républicains. Il divisa son armée en deux ; l'une, commandée par lui, se dirigea sur Feurs, et l'autre alla à Montrond, où elle reçut un accueil empressé, mais elle y fut surprise par les républicains qui canonnèrent et incendièrent le château. Les muscadins, commandés par le général Nicolaï, sont obligés de battre en retraite ; ils arrivèrent à Chazelles-sur-Lyon, mais, s'étant engagés dans la longue rue, ils y sont tout à coup fusillés de toutes parts et se heurtent à une barricade qui est cependant forcée, et, après avoir perdu leur général et plusieurs des leurs, ils vont rejoindre à Duerne l'armée de Feurs, qui se dirige aussitôt sur Lyon. »

Le général Nicolaï, mortellement blessé pendant la bagarre, mourut en prison des suites de ses blessures, ainsi que l'atteste le procès-verbal suivant (*Archives de Chazelles*) :

« 14 septembre 1793. — Le citoyen Fleury Buchet, procureur de cette commune, qui nous a déclaré qu'un prisonnier, gisant dans les prisons de cette commune, nommé, ainsi qu'il est apparu par les papiers que l'on a trouvés sur lui, Julien Nicolaï (Louis-Scipion-Guillaume-Jean), âgé d'environ 40 à 45 ans, est décédé dans ladite prison ce jourd'hui, sur les neuf heures du matin, d'une blessure qu'il a reçue dans le combat qui a eu lieu le 12 du présent mois entre les citoyens de cette ville, réunis pour la défense de la patrie, contre les rebelles de Lyon, dits muscadins, dont ledit Nicolaï était le commandant ; et, nous étant transporté dans ladite prison, nous avons reconnu la sincérité de ladite déclaration. »

TABLE DES MATIÈRES

Saint-Etienne, imp. THÉOLIER ET Cie, 12, rue Gérentet.

www.ingramcontent.com/pod-product-compliance
Lightning Source LLC
LaVergne TN
LVHW022030080426
835513LV00009B/959